HERNANDES DIAS LOPES

A SEGUNDA VINDA DE CRISTO

NOSSA GRANDE ESPERANÇA

© 2010 por Hernandes Dias Lopes

1ª edição: maio de 2010
6ª reimpressão: maio de 2021

REVISÃO
João Guimarães
Raquel Fleichner

DIAGRAMAÇÃO
B. J. Carvalho

CAPA
Douglas Lucas

EDITOR
Aldo Menezes

COORDENADOR DE PRODUÇÃO
Mauro Terrengui

IMPRESSÃO E ACABAMENTO
Imprensa da Fé

As opiniões, as interpretações e os conceitos emitidos nesta obra são de responsabilidade do autor e não refletem necessariamente o ponto de vista da Hagnos.

Todos os direitos desta edição reservados à
EDITORA HAGNOS LTDA.
Av. Jacinto Júlio, 27
04815-160 — São Paulo, SP
Tel.: (11) 5668-5668

E-mail: hagnos@hagnos.com.br
Home page: www.hagnos.com.br

Dados Internacionais de Catalogação na Publicação (CIP)
Câmara Brasileira do Livro, SP, Brasil

Lopes, Hernandes Dias

A segunda vinda de Cristo: nossa grande esperança / Hernandes Dias Lopes. — São Paulo: Hagnos, 2010.

ISBN 978-85-243-0408-8

1. Escatologia 2. Fim do mundo 3. Jesus Cristo 4. Juízo final 5. Segundo advento 6. Vida cristã I. Título.

10-02975   CDD 236.9

Índices para catálogo sistemático:
1. Jesus Cristo: segunda vinda 236.9
2. Segunda vinda de Jesus Cristo 236.9

Editora associada à:

Dedicatória

Dedico este livro ao querido colega de ministério Rev. José Ernesto Conti e sua digníssima esposa Ângela. Eles são companheiros de luta, amigos preciosos, irmãos amados, instrumentos valiosos nas mãos do Altíssimo, bênçãos de Deus em nossa vida e ministério.

Sumário

Prefácio 7

1. Os sinais gerais da segunda vinda de Cristo 11

2. Os sinais específicos da segunda vinda de Cristo 27

3. O anticristo, o agente de Satanás 47

4. Os elementos da segunda vinda de Cristo 59

5. Que atitude a igreja deve ter em relação
   à segunda vinda de Cristo? 77

6. A celebração vitoriosa das bodas
   do Cordeiro de Deus em sua gloriosa vinda 95

7 A bem-aventurança eterna 103

PREFÁCIO

A segunda vinda de Cristo é a cumeeira da História; é o apogeu, a apoteose, o ponto culminante, a consumação de todas as coisas. A História não caminha sem rumo nem está à deriva. A História não é cíclica, repetitiva, como pensavam os gregos nem caminha para o desastre como ensinam os existencialistas modernos. A História é teleológica (ela tem uma finalidade) e linear. Ela caminha para uma consumação, em que a vitória será de Cristo e da sua igreja. O mesmo Jesus que nasceu numa manjedoura, cresceu numa carpintaria e morreu numa cruz, também ressuscitou gloriosamente. Ele está assentado em um trono, reina absoluto e sobranceiro sobre todo o universo e voltará majestosamente para julgar as nações e viver com a sua igreja.

A segunda vinda de Cristo é uma verdade incontroversa, embora cercada de ceticismo. Há aqueles que zombam da sua promessa e escarnecem daqueles que creem e pregam sobre esta augusta verdade. Há aqueles que têm medo de falar a respeito do assunto e preferem amortecer a consciência com o anestésico da fuga. Há outros que, embora creiam nessa verdade, vivem desatentos como se Jesus jamais fosse voltar.

A segunda vinda de Cristo será um dia de trevas e não de luz para os que estiverem despreparados. Aquele dia será o grande dia da ira do Cordeiro. Naquele dia ele virá não como advogado, como defensor, mas virá como Juiz. Ele virá não para defender os pecadores, mas para julgá-los segundo as suas obras. Naquele grande e terrível dia, os grandes e pequenos homens vão tentar fugir e se esconder da sua presença, mas não haverá sequer um lugar seguro para eles. Eles vão desejar a morte, mas a morte fugirá deles. Terão de comparecer perante Aquele cujos olhos são como chamas de fogo.

A segunda vinda de Cristo será dia de gozo inefável para os remidos. Será o dia da recompensa. O dia em que os mortos em Cristo ressuscitarão para a ressurreição da vida, com corpos imortais, incorruptíveis, gloriosos, poderosos e espirituais e os vivos serão transformados e arrebatados para encontrar o Senhor Jesus nos ares e estarem para sempre com ele.

A segunda vinda de Cristo abrirá as portas para o juízo final. Todos terão de comparecer perante o Juiz de vivos e de mortos. Ele se assentará no seu trono e julgará as nações. Os homens serão julgados segundo o que estiver escrito nos livros. Eles serão julgados pelas suas palavras, obras, omissões e pensamentos. Pelas obras ninguém poderá ser justificado nesse tribunal. Por isso, outro livro será aberto, o livro da vida. E se alguém não for encontrado no livro da vida do

Cordeiro, será lançado no lago de fogo. Porém, aqueles que foram remidos no sangue do Cordeiro, e cujos nomes estão inscritos no livro da vida, entrarão na posse do Reino, desfrutarão das venturas celestiais preparadas para eles desde a fundação do mundo.

A segunda vinda de Cristo coloca ponto final na História e fecha a porta da oportunidade para os homens. Não haverá segunda chamada. Não haverá novas oportunidades depois que o Noivo chegar. A porta será fechada e quem não tiver azeite em suas lâmpadas e não estiver trajando as vestimentas da justiça de Cristo não terá acesso à sala do banquete.

Nós devemos estar atentos aos sinais da segunda vinda de Cristo. Não podemos desprezar as profecias. Não podemos ser insensatos e fechar os olhos ao que acontece à nossa volta. As profecias estão se cumprindo. O Rei da glória breve virá. Em breve a trombeta de Deus soará. Em breve o Senhor dos senhores surgirá nas nuvens com grande poder e glória, acompanhado pelos santos e por um séquito de anjos. Naquele dia ele matará o anticristo com o sopro da sua boca, e colocará todos os seus inimigos debaixo dos seus pés. Naquele dia a grande meretriz cairá, a Babilônia perversa, que se embebedou com o sangue dos mártires. Naquele dia serão lançados no lago de fogo o anticristo, o falso profeta, o dragão, a morte e o inferno e todos aqueles cujos nomes não foram encontrados no livro da vida.

Precisamos nos preparar para esse glorioso dia. Ele virá como ladrão de noite. A segunda vinda de Cristo apanhará a muitos de surpresa. Os homens estarão vivendo despercebidamente como a geração que foi destruída pelo dilúvio e como as cidades de Sodoma e Gomorra que foram varridas do mapa pelo juízo divino. Agora é hora de se preparar. Agora é o tempo oportuno de corrermos para Deus e nos rendermos ao seu Filho. Hoje é o dia da salvação. Hoje é o dia oportuno para reconciliar-se com Deus.

Devemos amar e apressar a vinda do Dia do Senhor. Precisamos saber que o evangelho do reino precisa ser pregado a todas as nações antes que venha o fim. Precisamos, como agentes do reino, viver preparados a todo instante, conclamando os homens a se arrependerem e a se reconciliarem com Deus enquanto é tempo. Nossa oração deve ser a mesma dos apóstolos de Cristo: Maranata, ora vem, Senhor Jesus!

Hernandes Dias Lopes

Capítulo 1

OS SINAIS GERAIS DA SEGUNDA VINDA DE CRISTO

A segunda vinda de Cristo é o assunto mais enfatizado em toda a Bíblia. Há cerca de trezentas referências sobre a primeira vinda de Cristo na Escritura e oito vezes mais sobre a segunda vinda, ou seja, há mais de 2.400 referências sobre a segunda vinda de Cristo em toda a Bíblia.

A segunda vinda de Cristo é o assunto mais distorcido e o mais desacreditado. Muitos falsos mestres negam que Jesus voltará. Outros tentam enganar as pessoas marcando datas. Outros, ainda, dizem crer na segunda vinda de Cristo, mas vivem como se ele jamais fosse voltar.

É este importante tema que vamos abordar neste livro. Começaremos com o sermão profético de Jesus, registrado em Mateus 24. À guisa de introdução, destacamos dois pontos:

Em primeiro lugar, *a admiração dos discípulos e a declaração de Jesus*. Os discípulos ficaram admirados com a magnificência do templo e Jesus lhes diz que dele não ficará pedra sobre pedra. Aquele majestoso templo de mármore branco, bordejado de ouro, o terceiro templo de Jerusalém, um dos mais belos monumentos arquitetônicos do mundo, seria arrasado pelos romanos até os fundamentos, quarenta anos depois no terrível cerco de Jerusalém.

Em segundo lugar, *a profecia a respeito da destruição de Jerusalém e da segunda vinda*. Os discípulos perguntam quando isso se daria e que sinais haveria da sua vinda. Essa resposta tem a ver com a destruição de Jerusalém e também com a segunda vinda, a consumação dos séculos. A destruição do templo é um símbolo do que vai acontecer na segunda vinda. Jesus prediz a iminente catástrofe de Jerusalém como um tipo da grande tribulação do final dos tempos.

Os sinais da segunda vinda de Cristo

Os estudiosos costumam dividir esses sinais por grupos distintos. Vamos considerar alguns deles:

Em primeiro lugar, *os sinais que mostram a graça* (Mt 24.14). Jesus morreu para comprar aqueles que procedem de toda tribo, raça, povo, língua e nação (Ap 5.9). A evangelização das nações é um sinal que deve preceder a segunda vinda de Cristo. A igreja deve aguardar e apressar o dia da vinda de Cristo. Não há uma promessa de que toda pessoa receberá uma oportunidade de ser salva. Jesus está falando das nações do mundo. Está falando que cada uma dessas nações em uma ou outra ocasião durante o curso da História ouvirá o evangelho. Este evangelho será um testemunho. Aqui não há promessa de segunda oportunidade.

A história das missões mostra que o evangelho tem se estendido do Oriente até o Ocidente. Podemos traçar o caminho desse avanço missionário como segue:

Primeiro, *de Constantino até Carlos Magno* (313-800) — as boas-novas da salvação são levadas aos países da Europa ocidental. Nesse tempo os maometanos apagam a luz do evangelho em muitos países da Ásia e África.

Segundo, *de Carlos Magno até Lutero* (800-1517) — a Noruega, a Islândia e a Groenlândia são evangelizadas e os escravos da Europa oriental se convertem como um só corpo ao cristianismo.

Terceiro, *de 1517 até 1792* — originaram-se muitas sociedades missionárias e o evangelho é levado até o Ocidente.

Quarto, *de 1792 até o presente* — é no ano de 1792 que William Carey começa as missões modernas. A evangelização dos povos é ainda uma tarefa inacabada.

Atualmente, os meios de comunicação têm acelerado o cumprimento dessa profecia. Bíblias têm sido traduzidas para milhares de línguas e dialetos e milhões delas são distribuídas. Missionários têm se levantado. Podemos apressar o dia da vinda de Cristo.

Em segundo lugar, *sinais que indicam oposição a Deus*. Quatro sinais indicam oposição a Deus.

A tribulação (Mt 24.9,10,21,22). A vinda de Cristo será precedida de um tempo de profunda angústia e dor. Esse tempo é ilustrado com o tempo do cerco de Jerusalém, em que os judeus foram encurralados pelos exércitos romanos e morreram pela espada. Esse tempo será abreviado por amor aos eleitos. A igreja passará pela grande tribulação. Será o tempo da angústia de Jacó. A perseguição religiosa (Mt 24.9,10) tem estado presente em toda a História: os judaizantes, os romanos, a intolerância romana, os governos totalitários, o nazismo, o comunismo, o islamismo, as religiões extremistas. No século 20, tivemos o maior número de mártires da História. Essa grande tribulação descreve o mesmo período: 1) a apostasia; 2) a manifestação do homem da iniquidade; 3) o pouco tempo de Satanás. Esse é um tempo angustiante como nunca houve em toda a História.

Os dispensacionalistas acreditam num arrebatamento secreto da igreja antes do período da grande tribulação. Porém, todas as demais correntes escatológicas: o pré-milenarismo histórico, o pós-milenarismo e o amilenarismo discordam dessa interpretação. As evidências bíblicas parecem favorecer a tese de que a igreja de Cristo enfrentará a grande tribulação. Como amilenarista, estou convencido de que a segunda vinda de Cristo se dará no último dia e então será a consumação da História.

A apostasia (Mt 24.4,5,23-26). É significativo que o primeiro sinal que Cristo apontou para a sua segunda vinda tenha sido o surgimento de falsos messias, falsos profetas, falsos cristãos, falsos ministros, falsos irmãos, pregando e promovendo um falso evangelho nos últimos dias. Cristo declarou que um falso cristianismo vai marcar os últimos dias. Estamos vendo o ressurgimento do antigo gnosticismo, de um novo evangelho, de outro evangelho, de um falso evangelho nestes dias.

A segunda vinda será precedida por um abandono da fé verdadeira. O engano religioso vai estar em alta. Novas seitas,

Os sinais gerais da segunda vinda de Cristo

novas igrejas, novas doutrinas se multiplicarão. Haverá falsos profetas, falsos cristos, falsas doutrinas e falsos milagres.

Vivemos hoje a explosão da falsa religião. O islamismo domina mais de um bilhão de pessoas. O catolicismo romano com todas as suas distorções doutrinárias também tem cerca de um bilhão de seguidores. O espiritismo kardecista e os cultos afros proliferam. As grandes religiões orientais como o budismo, o hinduísmo mantêm milhões de pessoas num berço de cegueira espiritual.

As seitas orientais e ocidentais têm florescido com grande força. Os desvios teológicos são graves: liberalismo, misticismo, sincretismo. Os grandes seminários, que formaram vibrantes teólogos e missionários hoje estão vendidos aos liberais. Muitas igrejas históricas já se renderam ao liberalismo. Há igrejas mortas na Europa, na América e no Brasil, vitimadas pelo liberalismo. Movidos pelo liberalismo, alguns pregadores tornaram-se céticos. Alguns deles chegam a ponto de negarem a ressurreição, dizendo que os milagres são mitos.

O misticismo está tomando conta das igrejas hoje. A verdade é torcida. A igreja está se transformando numa empresa, o púlpito num balcão, o templo numa praça de barganha, o evangelho num produto de consumo, e os crentes em consumidores.

A depravação moral (Mt 24.12). A iniquidade se multiplicará e o amor esfriará. O mundo vai estar sem referência, perdido, confuso, sem balizas morais, sem norte ético. Haverá a desintegração da família, a falência das instituições, o colapso dos valores morais e espirituais. O índice de infidelidade conjugal é alarmante. O índice de divórcio já passa de 50% em alguns países. O homossexualismo é aplaudido e incentivado. A pornografia tornou-se uma indústria poderosa. O narcotráfico afunda a juventude no pântano das drogas. A corrupção moral está presente nas cortes. As instituições estão desacreditadas. Os parlamentos estão sem autoridade moral. A corrupção política e religiosa é alarmante. O sagrado está sendo vendido. O covil dos salteadores está instalado em muitos templos religiosos.

A depravação moral pode ser vista: Na revolução sexual: homossexualismo, infidelidade, falta de freios morais. Na rendição às drogas: a juventude chafurdada no atoleiro químico. Na dissolução da família: divórcio do cônjuge e dos filhos. Na violência urbana: as cidades tornaram-se campo de barbárie. Na solidão: no século da comunicação e da rapidez dos transportes, as pessoas estão morrendo de solidão, na janela virtual do mundo, a internet.

O anticristo (Mt 24.15). O sacrílego desolador de que fala Daniel aponta inicialmente para Antíoco Epifânio no século 2 a.C. e depois às legiões romanas que invadiram Jerusalém em 70 d.C. para fincar uma imagem do imperador dentro do templo. Eles são um símbolo e um tipo do anticristo que virá no tempo do fim.

O espírito do anticristo já está operando no mundo. Ele se opõe e se levanta contra tudo o que é Deus. Ele vai se levantar para perseguir a igreja. Ninguém resistirá ao seu poder e autoridade. Ele vai perseguir, controlar e matar. Muitos crentes serão mortos e selarão seu testemunho com a própria morte.

O anticristo não é um partido, não é uma instituição, nem mesmo uma religião. É um homem sem lei, uma espécie de encarnação de Satanás, que vai agir na força e no poder de Satanás. Ele será levantado em tempo de apostasia. Governará com mão de ferro. Perseguirá cruelmente os santos de Deus. Vai blasfemar contra Deus. No entanto, no auge do seu poder, Cristo virá em glória e o matará com o sopro da sua boca. Ele será quebrado sem esforço humano. Nessa batalha final, o Armagedom, a única arma usada, será a espada afiada que sairá da boca do Senhor Jesus.

Em terceiro lugar, *sinais que indicam o juízo divino*. Destacaremos três sinais que mostram o juízo divino:

As guerras (Mt 24.6,7). Ao longo da História, houve treze anos de guerra para cada ano de paz. Desde 1945, após a Segunda Guerra Mundial, o número de guerras aumentou vertiginosamente. Registraram-se mais de trezentas guerras desde então, na formação de nações emergentes e na queda de antigos impérios. A despeito dos milhares de tratados de paz, os últimos cem anos foram denominados de o século da guerra. Nos últimos cem anos, mais de duzentos milhões de pessoas já morreram nas guerras.

Segundo pesquisa do *Reshaping International Order Report*, quase 50% de todos os cientistas do mundo estão trabalhando em pesquisas de armas de destruição. Quase 40% dos recursos das nações são destinados à pesquisa e fabricação de armas.

Falamos de paz, mas procuramos a guerra. Gastamos mais de um trilhão de dólares por ano em armas e guerras. Poderíamos resolver o problema da fome, do saneamento básico, da saúde pública e da moradia do terceiro mundo com esse dinheiro.

O mundo está encharcado de sangue. Houve mais tempo de guerra do que de paz. A aparente paz do império romano foi subjugada por séculos de conflitos, tensões, e guerras sangrentas. A Europa foi um palco tingido de sangue de guerras encarniçadas. O século 20 foi batizado como o século da guerra.

Na Primeira Guerra Mundial (1914-1918), trinta milhões de pessoas foram trucidadas. Ninguém podia imaginar que no mesmo palco dessa barbárie, vinte anos depois, explodisse outra guerra mundial de proporções muito mais amplas e devastadoras. A Segunda Guerra Mundial (1939-1945) ceifou sessenta milhões de pessoas. Foi gasto mais de um trilhão de dólares nessa conflagração mundial.

Atualmente falamos em armas atômicas, nucleares, químicas e biológicas. O mundo está em pé de guerra. Temos visto irmãos lutando contra irmãos e uma tribo lutando contra outra tribo na Albânia, Ruanda, Bósnia, Kosovo, Chechênia, Sudão e Oriente Médio. São guerras tribais na África. Guerras étnicas na Ásia. Guerras religiosas na Europa. Em cada guerra, erguemos um monumento de paz para começar outra encarniçada batalha.

Os terremotos (Mt 24.7,29). De acordo com a pesquisa geológica dos Estados Unidos:

a) De 1890 a 1930 – houve apenas oito terremotos medindo 6.0 na escala Richter.

b) De 1930 a 1960 – houve dezoito.

c) De 1960 a 1979 – houve 64 terremotos catastróficos.

d) De 1980 a 1996 – houve mais de duzentos terremotos dramáticos.

O mundo está sendo sacudido por terremotos em vários lugares. Os tufões e maremotos têm sepultado cidades

Os sinais gerais da segunda vinda de Cristo

inteiras: Desde o ano 79 d.C., no primeiro século, quando a cidade de Pompeia, na Itália, foi sepultada pelas cinzas do Vesúvio, o mundo está sendo sacudido por terremotos, maremotos, tufões, furacões e tempestades.

Em 1755, sessenta mil pessoas morreram em um terremoto em Lisboa. Em 1906, um terremoto destruiu a cidade de São Francisco, na Califórnia. Em 1920, a província de Kansu, na China, foi arrasada por um terremoto. Em 1923, a cidade de Tóquio foi devastada por um terremoto. Em 1960, o Chile foi abalado por um terremoto que deixou milhares de vítimas. Em 1970, o Peru foi arrasado por terremoto.

Nos últimos anos, vimos o tsunami, na Ásia, destruindo cidades inteiras. O furacão Katrina deixou a cidade de New Orleans debaixo de água. Dezenas de outros tufões, furacões, maremotos e terremotos têm sacudido os alicerces do nosso planeta, destruindo cidades e levando milhares de pessoas à morte.

Só no século 20 houve mais terremotos do que em todo o restante da História. A natureza está gemendo e entrando em convulsão. O aquecimento do planeta está levando os polos a um derretimento que pode provocar grandes inundações, em alguns pontos, e seca em outros.

Apocalipse 6 fala que as colunas do universo serão todas abaladas. O universo entrará em colapso. Tudo o que é sólido balançará. Não haverá refúgio nem esconderijo seguro para o homem em nenhum lugar do universo. O homem desesperado buscará fugir de Deus, se esconderá em cavernas e procurará a própria morte, mas nada nem ninguém poderá oferecer refúgio para o homem. Ele terá de enfrentar a ira de Deus.

Quando Cristo voltar em majestade e glória, os céus se desfarão em estrepitoso estrondo. Deus redimirá a própria natureza do seu cativeiro. Nesse tempo, a natureza estará harmonizada. Então as tensões vão acabar. A natureza será totalmente transformada.

As fomes e epidemias (Mt 24.7; Lc 21.11). A fome é um subproduto das guerras. Como já dissemos, gastamos hoje mais de um trilhão de dólares com armas de destruição. Esse dinheiro daria para resolver o problema da miséria no mundo. A fome hoje mata mais do que a guerra. O presidente americano Eisenhower, em 1953, disse:

> O mundo não está gastando apenas o dinheiro nas armas. Ele está despendendo o suor de seus trabalhadores, a inteligência dos seus cientistas e a esperança das suas crianças. Nós gastamos num único avião de guerra quinhentos mil sacos de trigo e num único míssil casas novas para oitocentas pessoas.

A fome é um retrato vergonhoso da perversa distribuição das riquezas. Enquanto uns acumulam muito, outros passam fome. A fome alcança quase 50% da população do mundo. Crianças e idosos, com o rosto cabisbaixo de vergonha, com o ventre fuzilado pela dor da fome estonteante, disputam com os cães leprentos os restos apodrecidos das feiras.

Enquanto isso, as epidemias estão se alastrando e apavorando a humanidade: a gripe aviária na Ásia assusta o mundo, a aftosa, no Brasil, mexeu com a nossa economia, a Aids está crescendo e fazendo milhões de vítimas em todo o mundo. A cada dia surge uma nova epidemia desafiando a ciência e deixando a humanidade perplexa. Estamos entrando numa espécie de funil na História. O fim está chegando!

A descrição da segunda vinda de Cristo

Destacamos três características da segunda vinda de Cristo:

Em primeiro lugar, *será repentina* (Mt 24.27). Cristo virá como um relâmpago. Como o piscar do olho, o faiscar de uma estrela e como o dardejar da cauda de um peixe. Ninguém poderá se preparar de última hora. Quando o noivo chegar, será tarde demais para encher as lâmpadas de azeite.

Viver despercebidamente é uma loucura. A segunda vinda de Cristo apanhará os homens de surpresa. Esse dia não é óbvio. As pessoas estarão casando e dando-se em casamento. Estarão comprando e vendendo. Ou seja, os homens estarão envolvidos com suas atividades, sem levar Deus em conta.

A sociedade secularizada empurrou Deus para a lateral da vida. Essa sociedade não ama nem espera a volta de Cristo. Os homens estão confortavelmente se instalando aqui, buscando um paraíso aqui e não aspiram as coisas lá do alto. Por isso, o Dia do Senhor para eles será como a chegada do ladrão: repentina e surpreendente. Já é meia-noite. O noivo está chegando. Prezado leitor, você está pronto para encontrar-se com ele?

Em segundo lugar, *será gloriosa* (Mt 24.30). A segunda vinda de Cristo será pessoal, física, visível, audível e pública. O mesmo Jesus que foi assunto aos céus voltará do mesmo modo que subiu. Sua vinda será pessoal e visível. Todo o olho o verá. Ele virá sob o som da trombeta de Deus.

Não haverá um arrebatamento secreto para só depois acontecer a vinda visível. Sua vinda é única. Jesus aparecerá no céu. Ele estará montado em um cavalo branco. Ele virá acompanhado de um séquito celestial. Virá do céu ao soar da trombeta de Deus. Ele descerá nas nuvens, acompanhado de seus santos anjos e dos remidos. Ele virá com grande esplendor e muita glória.

Todos os povos que o rejeitaram vão se lamentar. Aquele será um dia de trevas e não de luz para eles. Será o dia do juízo, em que sofrerão penalidade de eterna destruição. Os poderosos da terra conscientes de sua condição de perdidos se golpearão nos peitos atemorizados pela exibição da majestade de Cristo em toda a sua glória. O terror dos iníquos está graficamente descrito em Apocalipse 6.15-17.

Em terceiro lugar, *será vitoriosa* (Mt 24.34). Jesus virá para arrebatar a igreja. Os anjos recolherão os escolhidos dos quatro ventos, de uma a outra extremidade dos céus. Os eleitos de Deus serão chamados. A Bíblia diz que quando Cristo vier, os mortos em Cristo ressuscitarão primeiro, com corpos incorruptíveis, imortais, poderosos, gloriosos, espirituais e celestiais, semelhantes ao corpo da glória de Cristo. Os que estiverem vivos serão transformados e arrebatados para encontrar o Senhor nos ares e assim estaremos para sempre com o Senhor. Aquele dia será de vitória. Nossas lágrimas serão enxugadas. Entraremos nas bodas do Cordeiro. Então, ouviremos: "Vinde, benditos de meu Pai! Entrai na posse do reino que vos está preparado desde a fundação do mundo".

Jesus virá também para julgar aqueles que o traspassaram (Mt 24.30). Ele virá julgar vivos e mortos. Aqueles que escaparam da justiça dos homens não poderão escapar do tribunal de Cristo. Naquele dia, o dinheiro não os livrará. Naquele dia, o poder político não os ajudará. Eles terão de enfrentar o Cordeiro a quem rejeitaram. Naquele tribunal os ímpios terão testemunhas que se levantarão contra eles: suas palavras os condenarão. Suas obras os condenarão. Seus pensamentos os condenarão. Seus pecados ocultos escreverão sua sentença de morte eterna.

A preparação para a segunda vinda de Cristo

Destacamos alguns pontos importantes aqui:

Em primeiro lugar, *será precedida por avisos claros* (Mt 24.32,33). Quando essas coisas começarem a acontecer, devemos saber que está próxima a nossa redenção. A figueira já começou a brotar, os sinais já estão gritando aos nossos ouvidos. O livro de Apocalipse nos mostra que Deus não derrama as taças do seu juízo sem antes tocar a trombeta. Os sinais da segunda vinda são trombetas de Deus embocadas para a História. Essas trombetas estão avisando que ele vem. Ele prometeu que vem. "Eis que venho sem demora." Ele prometeu que assim como foi para o céu, voltará.

A Bíblia diz que Jesus virá em breve. Os sinais da sua vinda, como diz o glorioso hino, mais se mostram cada vez, apontam que sua vinda está próxima. A Palavra de Deus não pode falhar. Passa o céu e a terra, mas a Palavra de Deus não passará. Essa Palavra é fiel e verdadeira, digna de inteira confiança. Meu irmão, prepare-se para encontrar-se com o Senhor seu Deus!

Em segundo lugar, *será imprevisível* (Mt 24.34-36). Ninguém pode decifrar esse dia. Ele pertence exclusivamente à soberania de Deus. Quando os discípulos perguntaram a Jesus sobre esse assunto, ele respondeu: "Não vos compete saber tempos ou épocas que o Pai reservou para a sua exclusiva autoridade". Daquele dia nem os anjos nem o Filho sabem. Aqueles que marcaram datas fracassaram. Aqueles que se aproximam das profecias com curiosidade frívola e com o mapa escatológico nas mãos são apanhados laborando em grave erro. Se nós não sabemos o dia nem a hora, seremos tidos por loucos se vivermos despercebidamente.

Em terceiro lugar, *será inesperada* (Mt 24.37-39). Quando Jesus voltar os homens vão estar desatentos como a geração diluviana. Vão estar entregues aos próprios interesses sem se aperceberem da hora. Comer, beber, casar e dar-se em casamento não são coisas más. Fazem parte da rotina da vida. Porém, viver a vida sem se aperceber que Jesus está prestes a voltar é viver como a geração diluviana. Quando o dilúvio chegou pegou a todos de surpresa.

Muitos hoje estão também comprando e vendendo, casando-se e dando-se em casamento; esses vão continuar vivendo despercebidamente até o dia que Jesus voltar. Então, será tarde demais. Não há nada de errado no que estão fazendo. Mas estando os homens tão envolvidos em coisas boas a ponto de esquecerem de Deus, estarão, neste caso, maduros para o juízo.

Em quarto lugar, *será para o juízo* (Mt 24.40,41). Naquele dia será tarde demais para se preparar. Haverá apenas dois grupos: os que vão desfrutar das bem-aventuranças eternas e os que ficarão para o juízo. Dois estarão no campo. Um será levado e o outro deixado. Duas estarão trabalhando no moinho. Uma será tomada e a outra deixada. Tomados para Deus, deixados para o juízo eterno. A lição aqui é a mesma. Os anjos tomarão

Os sinais gerais da segunda vinda de Cristo

uns para viverem com o Senhor para sempre e os outros serão deixados para o juízo de condenação eterna.

A segunda vinda de Cristo coloca fim a todas as esperanças. Não tem segunda chamada. Não tem mais chance de salvação. Naquele dia a porta da oportunidade estará fechada. Em vão as virgens néscias baterão. Em vão os homens gritarão por clemência. A vinda de Cristo é única e logo em seguida ele se assentará no trono da sua glória para o grande julgamento.

Em quinto lugar, *será preciso vigilância* (Mt 24.42-44). A palavra de ordem de Jesus é: vigiai! Esse dia será como a chegada de um ladrão: Jesus vem de surpresa, sem aviso prévio, sem telegrama. É preciso vigiar. É preciso estar preparado. Não sabemos nem o dia nem a hora. Precisamos viver apercebidos.

Certa feita perguntaram para o grande reavivalista metodista João Wesley: "O que você gostaria de estar fazendo quando Jesus voltar?" Ele respondeu: "Eu gostaria de estar fazendo o que faço todos os dias, pois todos os dias aguardo ansiosamente a vinda do Senhor Jesus".

O apóstolo Paulo encerra sua última epístola falando que amava a vinda do Senhor. O apóstolo Pedro diz que devemos aguardar e apressar a vinda do Senhor. Deveríamos viver como que na ponta dos pés aguardando ansiosamente a chegada desse dia glorioso, orando: "Maranata, ora vem, Senhor Jesus!"

Aqueles que andam em trevas serão apanhados de surpresa. Nós, porém, somos filhos da luz. Devemos viver em santa expectativa da segunda vinda de Cristo. Não somos aqueles que se embriagam. Não somos filhos das trevas. Não vivemos em dissoluções e impudicícias. Enquanto a vida do perverso é como a escuridão, nem sabem eles em que tropeçam, a vida do justo é como a luz da aurora que vai brilhando mais e mais até ser dia perfeito.

Jesus termina seu discurso profético contando uma parábola acerca do senhor que viajou e confiou seus bens e seus servos nas mãos de dois encarregados (Mt 24.45-51). A preparação para a vinda do Senhor implica servi-lo com fidelidade. O texto fala primeiro do servo fiel. Este cuidou com zelo de tudo, sabendo que haveria de prestar contas ao seu senhor. Seu senhor chegou e lhe galardoou com privilégios. Depois fala do servo infiel. Este pensou: "Meu senhor vai demorar muito". Então passou a espancar os companheiros e comer e beber com os ébrios. O seu senhor então, virá em dia em que ele não espera e o castigará e sua sorte será com os hipócritas, onde há choro e ranger de dentes.

Esse servo demonstrou três atitudes: 1) despreocupação; 2) desamor; 3) dissipação. Como você está vivendo: em santidade ou desprezando o seu Senhor, porque julga que ele vai demorar? Acerte sua vida com Jesus. Em breve ele chamará você para prestar contas da sua administração. Viva hoje como se ele fosse voltar amanhã. O dia final se aproxima.

Capítulo 2

Os sinais específicos da segunda vinda de Cristo

A igreja de Tessalônica cometeu dois sérios equívocos acerca da doutrina da segunda vinda de Cristo. Ambos perigosos, ambos injustificados e de consequências desastrosas. Quais foram esses equívocos? Examinaremos esse importante assunto à luz de 2Tessalonicenses 2.1-12.

Primeiro, *o equívoco de marcar datas quanto à segunda vinda de Cristo* (2Ts 2.1,2). Alguns crentes de Tessalônica estavam sendo enredados pelo engano, pensando que a vinda de Cristo já acontecera. Eles fixaram uma data e na mente deles essa data já havia chegado.

Paulo já havia ensinado a igreja sobre a segunda vinda (1Ts 2.19) e a necessidade de estar preparado para ela (1Ts 5.1-11), mas eles confundiram a vinda súbita com uma vinda imediata.[1] O problema dos tessalonicenses não era a

---

1 HENDRIKSEN, William. *1 e 2 Tessalonicenses, Colossenses e Filemon : Comentário no Novo Testamento.* São Paulo: Cultura Cristã, 1998, p. 247

questão da demora da *parousia*, mas, sim, sua crença de que estava esmagadoramente iminente.[2]

Após a leitura da primeira carta de Paulo à igreja, é bem provável que alguns intérpretes fantasiosos tivessem chegado a essa equivocada interpretação e perturbado a igreja com suas conclusões. O verbo "perturbar" sugere ser agitado num vento tempestuoso, e é usado metaforicamente para ficar tão perturbado a ponto de perder sua compostura e bom senso normais. É ficar transtornado pela notícia.[3] O erro doutrinário sempre traz confusão em vez de edificação e consolo. Sempre que alguém tenta administrar essa agenda que pertence à economia da soberania de Deus cai em descrédito e colhe decepção. Somente Deus conhece esse dia.

Segundo, *o equívoco de não observar os sinais da segunda vinda de Cristo* (2Ts 2.3). Se por um lado não podemos marcar datas acerca do dia da segunda vinda de Cristo, por outro, não podemos fechar os olhos aos seus sinais. O apóstolo pontua para a igreja que a segunda vinda de Cristo não acontecerá sem que primeiro venha a apostasia e seja manifestado o homem da iniquidade.

Dois sinais precederão a segunda vinda de Cristo. Vamos tratar dessa matéria à luz de 2Tessalonicenses 2.1-12. Que sinais são esses?

A apostasia (2Ts 2.3). A palavra grega *apostasia* significa queda, caída, rebelião, revolta.[4] Trata-se de uma apostasia final

---

2 MARSHALL, I. Howard. *I e II Tessalonicenses: Introdução e comentário*, p. 220. São Paulo: Vida Nova

3 MARSHALL, I. Howard. *I e II Tessalonicenses: Introdução e comentário*, p. 220. São Paulo: Vida Nova

4 RIENECKER, Fritz e ROGERS, Cleon. *Chave linguística do Novo Testamento Grego*, p. 450.

Os sinais específicos da segunda vinda de Cristo

que ocorrerá imediatamente antes da *parousia*. Essa apostasia será uma intensificação e culminação de uma rebelião que já começou, pois o mistério da iniquidade já opera no mundo.[5] O fato de que o Dia do Senhor será precedido pela apostasia também já fora claramente predito pelo Senhor no seu sermão profético (Mt 24.10-13).

O que é apostasia? Como podemos entendê-la? Concordo com a descrição de Howard Marshall:

> Apostasia é uma palavra usada no grego secular para uma revolta política ou militar e era usada na Septuaginta para a rebeldia contra Deus (Js 22.22; 2Cr 22.19; 33.10; Jr 2.19). Em especial, referia-se ao desvio da Lei. Nos últimos dias, a oposição dos homens a Deus e também a imoralidade e a iniquidade aumentarão grandemente (Mt 24.12; 2Tm 3.1-9). Estas coisas estão associadas com um aumento de guerras entre as nações (Mt 13.7,8) e com a atividade de falsos profetas e mestres (Mc 13.22; 1Tm 4.1-3; 2Tm 4,3,4).[6]

William Hendriksen alerta para o fato de que a apostasia futura de modo algum ensina que os que são genuínos filhos de Deus "cairão da graça". Tal queda não existe (2.13,14). Significa, porém, que a fé dos pais – fé a qual os filhos aderem por algum tempo de uma maneira meramente formal – será afinal e completamente abandonada por muitos dos filhos.[7] O mesmo escritor ainda diz: "O uso do termo *apostasia* aqui em 2Tessalonicenses 2.3, sem um adjetivo adjunto,

---

5 HOEKEMA, Antonio A. *La Bíblia y el futuro*. Subcomision Literatura Cristiana, Grand Rapids, Michigan, 1984, p. 176, 177.

6 MARSHALL, I. Howard. *I e II Tessalonicenses: Introdução e comentário*, p. 223.

7 HENDRIKSEN, William. *1 e 2 Tessalonicenses*, p. 250.

coloca em realce o fato de que, de uma maneira geral, a igreja visível abandonará a fé genuína".[8]

O aparecimento do homem da iniquidade (2Ts 2.3). O movimento de apostasia chegará ao seu apogeu quando seu líder maior, o arquioponente de Deus, o homem da iniquidade, for revelado. Esse homem da iniquidade, também chamado de "o filho da perdição" e "o iníquo" é uma designação paulina do anticristo. Assim como Jesus terá sua revelação, *apocalipse,* também o anticristo terá sua manifestação. Isto enfatiza o caráter "sobre-humano" da pessoa mencionada, pois a coloca como contraparte da revelação do próprio Senhor Jesus Cristo.[9]

O texto que estamos considerando foca sua atenção na pessoa, na atividade e na derrota do anticristo. William Barclay entende que estamos diante de uma das passagens mais difíceis de todo o Novo Testamento.[10] Vamos, agora, examinar mais detidamente esse tema.

A identidade do anticristo revelada

A palavra *anticristo* significa um cristo substituto ou um cristo rival.[11] O prefixo grego *anti* pode significar duas coisas: "contrário a" e "no lugar de". Antonio Hoekema diz, portanto, que a palavra "anticristo" significa um cristo substituto ou um cristo rival. Assim, o anticristo é ao mesmo tempo um

---

8 HENDRIKSEN, William. *1 e 2 Tessalonicenses*, p. 251.

9 RIENECKER, Fritz e ROGERS, Cleon. *Chave linguística do Novo Testamento Grego*, p. 450.

10 BARCLAY, William. *Filipenses, Colosenses, I y II Tesalonicenses*, p. 220.

11 HOEKEMA, Antonio A. *La Bíblia y el futuro*, p. 180,181.

Os sinais específicos da segunda vinda de Cristo

cristo rival e um adversário de Cristo.[12] Satanás não apenas se opõe a Cristo, mas também deseja ser adorado e obedecido no lugar de Cristo. Satanás sempre desejou ser adorado e servido como Deus (Is 14.14; Lc 4.5-8). Um dia produzirá sua obra-prima, o anticristo, que levará o mundo a adorá-lo e acreditar em suas mentiras.[13]

No livro de Daniel, o anticristo é representado inicialmente não como uma pessoa, mas como quatro reinos (leão, urso, leopardo e outro animal terrível), numa descrição clara dos impérios da Babilônia, Medo-Persa, Grego e Romano (Dn 7.1-6,17,18). Outro símbolo do anticristo no livro de Daniel é Antíoco Epifânio, que profanou o templo, quando o consagrou ao deus grego Zeus e mais tarde sacrificou porcos em seu altar (Dn 7.21,25).

No ensino de Jesus, o anticristo é visto como o imperador romano Tito que, no ano 70 d.C., destruiu a cidade de Jerusalém e o templo (Mt 24.15-20), bem como um personagem escatológico (Mt 24.21,22). A profecia bíblica vai se cumprindo historicamente e avança para a sua consumação (Mt 24.15-28).

Nas cartas de João, o termo *anticristo* é usado em um sentido impessoal (1Jo 4.2,3). Ele se referiu também ao anticristo de forma pessoal. Mas João vê o anticristo como uma pessoa que já está presente, ou seja, como alguém que representa um grupo de pessoas. Assim, o anticristo é um termo utilizado para descobrir uma quantidade de gente que sustenta uma heresia fatal (1Jo 2.22; 2Jo 7).

12 HOEKEMA, Antonio A. *La Bíblia y el futuro*. Rio de Janeiro: p. 180,181.

13 WIERSBE, Warren W. *Comentário bíblico expositivo,* Rio de Janeiro: Central Gospel, Vol. 6, 2006, p. 256.

João fala ainda tanto do anticristo que virá como do anticristo que já está presente. Assim, João esperava um anticristo que viria no tempo do fim. Os anticristos são precursores do anticristo (1Jo 2.28). Para João, o anticristo sempre esteve presente nos seus precursores, mas ele se levantará no tempo do fim como expressão máxima da oposição a Cristo e sua igreja.

Na teologia do apóstolo Paulo, o anticristo é visto como o homem do pecado (2.3). Ele surgirá da grande apostasia (2.3); será uma pessoa (2.3), será objeto de adoração (2.4), usará falsos milagres (2.9), só pode ser revelado depois que aquilo e aquele que o detém for removido (2.6,7) e será totalmente derrotado por Cristo (2.8).

O caráter do anticristo descrito

Paulo não usa o termo *anticristo* nesta carta. Essa designação é usada no Novo Testamento apenas por João (1Jo 2.18,22; 4.3; 2Jo 7). Mas esse é o nome pelo qual identificamos o último grande ditador mundial que Paulo chama de "homem da iniquidade", "filho da perdição" (2.3), aquele que "se opõe a Deus" (2.4), aquele "que se exalta acima de todos os demais" (2.4), "que se proclama Deus" (2.4), também chamado de "iníquo" (2.8).

Vamos examinar três aspectos do caráter do anticristo.

Em primeiro lugar, *ele é o homem da iniquidade* (2.3). Vale pontuar que o anticristo escatológico não é um sistema nem um grupo, mas um homem. Toda a descrição apresentada por Paulo é de caráter pessoal. O homem da iniquidade "se opõe", "se exalta", "se assenta no templo de Deus", "proclama a si

Os sinais específicos da segunda vinda de Cristo

mesmo como Deus", e será "morto".[14] À luz de 2Tessalonicenses 2.3,4,8 e 9, podemos afirmar com sólida convicção que Paulo está fazendo uma predição exata acerca de uma pessoa certa e específica que se manifestará e que receberá sua condenação quando Cristo voltar.

Alguns eminentes teólogos, como Benjamim Warfield, defenderam a tese de que o homem da iniquidade deveria ser identificado como a linhagem de imperadores romanos, como Calígula, Nero, Vespasiano, Tito e Domiciano.[15] John Wyclif, Martinho Lutero e muitos outros líderes da Reforma defenderam a tese de que o papa era o anticristo. A Confissão de Fé de Westminster é categórica nesse ponto:

> Não há outro Cabeça da igreja senão o Senhor Jesus Cristo. Em sentido algum pode ser o papa de Roma o cabeça dela, senão que ele é aquele anticristo, aquele homem do pecado e filho da perdição que se exaltava na igreja contra Cristo e contra tudo o que chama Deus (XXV.vi).

William Hendriksen, destacado escritor reformado, entretanto, discorda dessa interpretação, dizendo que o papa pode ser chamado "um anticristo", um entre muitos dos precursores do anticristo final. Em tal pessoa o mistério da iniquidade já está em operação. Chamar, porém, o papa de *o* anticristo é algo que contraria toda a sã exegese.[16]

O anticristo é o homem sem lei que viverá e agirá na absoluta ilegalidade. Ele será um transgressor consumado da lei de Deus e dos homens. Será um monstro absolutista. A palavra

---

14 HENDRIKSEN, William. *1 e 2 Tessalonicenses*, p. 253.

15 CRAIG, S. C. *Biblical and theological studies*, p. 472.

16 HENDRIKSEN, William *1 e 2Tessalonicenses*, p. 258.

grega *anomia,* iniquidade, descreve a condição de quem vive de modo contrário à lei.[17] Ele é a própria personificação da rebelião contra as ordenanças de Deus.[18] O homem da iniquidade realizará os sonhos de Satanás sobre a terra, liderando a mais ampla e a mais profunda rebelião contra Deus em toda a História.

William Hendriksen coloca esse fato com clareza:

> É importante observar que assim como a apostasia não será meramente passiva, mas ativa (não meramente uma negação de Deus, mas também uma rebelião contra Deus e seu Cristo), assim também o homem da iniquidade será um transgressor ativo e agressivo. Ele não leva o título de "homem sem lei" por jamais ter ouvido a lei de Deus, e, sim, porque publicamente a despreza![19]

Em segundo lugar, *ele é o filho da perdição* (2.3). Não apenas seu caráter é sumamente corrompido, mas seu destino é claramente definido. Ele procede do maligno e se destina inexoravelmente à perdição. Ele é um ser completamente perdido e designado para a perdição. Ele será lançado no lago de fogo (Ap 19.20; 20.10). A palavra grega *apoleia,* "perdição" traz a ideia de que o anticristo está destinado a ser destruído.[20]

Em terceiro lugar, *ele é o iníquo* (2.8). A palavra grega *anomos,* traduzida por "iníquo" significa ilegal, iníquo, aquele que vive ao arrepio da lei. O anticristo será um homem corrompido

---

17 RIENECKER, Fritz e ROGERS, Cleon. *Chave linguística do Novo Testamento Grego,* 1985, p. 450.

18 HENDRIKSEN, William. *1 e 2Tessalonicenses,* p. 262.

19 HENDRIKSEN, William. *1 e 2Tessalonicenses,* p. 251.

20 RIENECKER, Fritz e ROGERS, Cleon. *Chave linguística do Novo Testamento Grego,* p. 450.

em grau superlativo. Ele será inspirado pelo poder de Satanás e terá um caráter tão perverso quanto o daquele que o inspira.

Podemos afirmar, acompanhado por uma nuvem de testemunhas, que o conceito de Paulo sobre o anticristo procede da profecia de Daniel. Observemos os seguintes pontos: 1) o homem da iniquidade (2.3 – Dn 7.25; 8.25); 2) o filho da perdição (2.3 – Dn 8.26); 3) aquele que se opõe (2.4 – Dn 7.25); 4) e que se exalta contra tudo [que é] chamado Deus ou é adorado (2.4 – Dn 7.8,20,25; 8.4,10,11); 5) de modo que se assenta no santuário de Deus, proclamando a si mesmo como Deus (2.4 – Dn 8.9-14).

A oposição do anticristo e sua adoração definidas

Dois fatos precisam ser aqui destacados:

Em primeiro lugar, *o anticristo se oporá a Deus abertamente e perseguirá implacavelmente a igreja* (2.4). O apóstolo Paulo diz que o anticristo "[...] se opõe e se levanta contra tudo que se chama Deus [...] ostentando-se como se fosse o próprio Deus" (2.4). O homem do pecado é o adversário de Deus, da lei de Deus, e do povo de Deus.

A palavra grega *antikeimenos*, traduzida por "opor-se", indica uma oposição constante e habitual ou como um estilo de vida enquanto a palavra grega *hiperairomenos*, traduzida por "se levanta", significa exaltar-se sobremaneira ou exaltar-se fora de proporções.[21] O anticristo será uma espécie de encarnação do

---

21 RIENECKER, Fritz e ROGERS, Cleon. *Chave linguística do Novo Testamento Grego*, p. 450.

mal. Esse mal humanizado será a antítese de Deus, diz William Barclay.[22]

O anticristo será um opositor consumado de Deus e da igreja (Dn 7.25; 11.36; 1Jo 2.22; Ap 13.6). Ele será uma pessoa totalmente maligna em seu ser e em suas atitudes. Ele não apenas se oporá, mas também se levantará contra tudo o que se chama Deus ou objeto de culto.

O profeta Daniel diz que ele "Proferirá palavras contra o Altíssimo" (Dn 7.25) e "[...] contra o Deus dos deuses falará coisas incríveis" (Dn 11.36). O apóstolo João declara: "E abriu a boca em blasfêmias contra Deus, para lhe difamar o nome" (Ap 13.6). Diz ainda: "Este é o anticristo, o que nega o Pai e o Filho" (1Jo 2.22).

O anticristo não apenas se oporá a Deus, mas também perseguirá implacavelmente a igreja (Dn 7.25; 7.21; Ap 12.11; 13.7). O profeta Daniel diz que ele "[...] magoará os santos do Altíssimo" (Dn 7.25) e "fará guerra contra os santos e prevalecerá contra eles (Dn 7.21). O apóstolo João registra que lhe foi dado também que pelejasse contra os santos e os vencesse (Ap 13.7). O anticristo perseguirá de forma cruel àqueles que se recusarem a adorá-lo (Ap 13.7,15). Esse será um tempo de grande angústia (Jr 30.7; Dn 12.1; Mt 24.21,22). A igreja de Cristo nesse tempo será uma igreja mártir (Ap 13.7,10). Mas os crentes fiéis vão vencer o diabo e o anticristo, preferindo morrer a apostatar (Ap 12.11).

Em segundo lugar, *o anticristo será objeto de adoração em toda a terra* (2.4). Ele se assentará no santuário de Deus e vai reivindicar ser adorado como Deus. A adoração ao anticristo é

---

22 BARCLAY, William. *Filipenses, Colosenses, I y II Tesalonicenses,* p. 221.

o mesmo que adoração a Satanás (Ap 13.4). Adoração é um tema central no livro de Apocalipse: a noiva está adorando o Cordeiro, e a igreja apóstata está adorando o dragão e o anticristo. O mundo está ensaiando essa adoração aberta ao anticristo e a Satanás.

O satanismo e o ocultismo estão em alta. As seitas esotéricas crescem[23] e se espalham como um rastilho de pólvora. A Nova Era proclama a chegada de um novo tempo, em que o homem vai curvar-se diante do "Maitrea", o grande líder mundial.[24] A adoração a ídolos é uma espécie de adoração de demônios (1Co 10.19,20). A necromancia de igual forma é, também, uma adoração de demônios. O grande e último plano do anticristo é levar seus súditos a adorarem a Satanás (Ap 13.3,4). Esse será o período da grande apostasia. Nesse tempo os homens não suportarão a verdade de Deus e obedecerão a ensinos de demônios (1Tm 4.1). O humanismo idolátrico, o endeusamento do homem e sua consequente veneração é uma prática satânica. Adoração ao homem e adoração a Satanás são a mesma coisa.

A adoração ao anticristo será universal (Ap 13.8,16). Diz o apóstolo João que o adorarão todos os que habitam sobre a terra, aqueles cujos nomes não foram escritos no Livro da Vida do Cordeiro (Ap 13.8). Satanás vai tentar imitar Deus também nesse aspecto. Ao saber que Deus tem os seus selados, ele também selará os seus com a marca da besta (Ap 13.8,16-18). Todas as classes sociais

---

23 BLOMFIELD, Arthur E. *As profecias do Apocalipse*. Belo Horizonte: Betânia, 1996, p. 192.

24 LOPES, Hernandes Dias. *Apocalipse, o futuro chegou*. São Paulo: Hagnos, 2005 p. 273.

se acotovelarão para entrar nessa igreja apóstata e receber a marca da besta (Ap 13.16).

O cenário para o aparecimento do anticristo está preparado

Se o anticristo escatológico ainda não foi revelado, o mistério da iniquidade que prepara o cenário para a sua chegada já está operando. A palavra grega *misterion* traduzida por "mistério" aponta para o que era desconhecido e impossível de ser descoberto pelo homem, exceto por intermédio de uma revelação de Deus.[25] O espírito da nossa época está em aberta oposição a Deus. Vivemos esse tempo de apostasia e rebelião contra Deus. Os valores morais estão sendo tripudiados. Não se respeita mais nada: a começar pelos sinais de trânsito. A Justiça e a polícia estão impotentes para conter tanto desrespeito. O homem não tem medo de mais nada. Os princípios de Deus estão sendo escarnecidos. Os homens estão indo de mal a pior, rechaçando a verdade e trocando-a pela mentira. O que Deus abomina está sendo aplaudido e o que Deus aprova está sendo pisado como lama nas ruas.

O palco está pronto para a chegada desse líder maligno. É bem conhecido o que disse o historiador Arnold Toynbee: "O mundo está pronto para endeusar qualquer novo césar que consiga dar à sociedade caótica unidade e paz". O anticristo surgirá num tempo de profunda desatenção à voz do juízo de Deus (Mt 24.37-39). Esse tempo será como nos dias de Noé.

---

25 RIENECKER, Fritz e ROGERS, Cleon. *Chave linguística do Novo Testamento Grego*, p. 451.

A manifestação do anticristo impedida

O anticristo escatológico ainda não se manifestou porque sua aparição está sendo impedida por ALGO (2.6) e por ALGUÉM (2.7). O apóstolo Paulo diz: "E, agora, sabeis *o que* o detém, para que ele seja revelado somente em ocasião própria. Com efeito, o mistério da iniquidade já opera e aguarda somente que seja afastado *aquele* que agora o detém" (2.6,7, grifos do autor). Convém observar que, em 2Tessalonicenses 2.6, Paulo se refere ao repressor de modo neutro ("o que o detém"), enquanto em 2Tessalonicenses 2.7, usa o gênero masculino ("aquele que agora o detém").[26]

A palavra grega *kairós*, traduzida por "ocasião oportuna", nos revela que o anticristo só aparecerá no momento certo, ou seja, no momento determinado por Deus. Warren Wiersbe diz que assim como houve uma "plenitude do tempo" para a vinda de Cristo (Gl 4.4), também haverá uma "plenitude do tempo" para o surgimento do anticristo, e nada acontecerá fora do cronograma divino.[27]

O que é esse ALGO? Quem é esse ALGUÉM? Agostinho de Hipona era da opinião que é impossível definir esses elementos restringidores. Outros escritores, entretanto, pensam que Paulo está se referindo aqui ao Espírito Santo, uma vez que ele pode ser descrito tanto no gênero masculino como no neutro (Jo 14.16,17; 16.13) e também ele é apontado como aquele que restringia as forças do mal no Antigo Testamento (Gn 6.3).

---

26 WIERSBE, Warren W. *Comentário bíblico expositivo*, p. 255.

27 WIERSBE, Warren W. *Comentário bíblico expositivo*, p. 256.

Howard Marshall, por sua vez, é da opinião que Deus é quem está por trás da ação adiadora da manifestação do homem da iniquidade.[28] A maioria dos estudiosos, entretanto, entende que o ALGO é a lei e que o ALGUÉM é aquele que faz a lei se cumprir. É por isso que o anticristo vai surgir no período da grande apostasia, ou seja, da grande rebelião, quando os homens não suportarão leis, normas nem absolutos. Então, eles facilmente se entregarão ao homem da ilegalidade, o filho da perdição.[29] Enquanto a lei e a ordem prevalecerem, o homem da iniquidade está impossibilitado de aparecer no cenário da História com seu programa de injustiça, blasfêmia e perseguição sem precedentes. O apóstolo via no governo e seus administradores um freio para o mal. Entretanto, quando a estrutura básica da justiça desaparece, e quando os juízos falsos e as confissões fraudulentas se transformam na ordem do dia, então o cenário se acha preparado para a revelação do homem da iniquidade.[30]

O poder do anticristo identificado

O anticristo virá no poder de Satanás. Ele fará coisas espetaculares e milagres estupendos pela energia de Satanás. Ele não será um homem comum nem terá um poder comum. O anticristo se manifestará com um grande milagre (Ap 13.3). Ele vai distinguir-se como uma pessoa sobrenatural, por um ato que será um simulacro da ressurreição. Esse fato é tão importante que o apóstolo João o registra três vezes

---

28 MARSHALL, I. Howard. *I e II Tessalonicenses: Introdução e comentário*, p. 233,234.

29 HENDRIKSEN, William. *Mais que vencedores*, p. 142.

30 HENDRIKSEN, William. *1 e 2 Tessalonicenses*, p. 269.

(Ap 13.3,12,14). Certamente não será uma genuína ressurreição dentre os mortos, mas será o simulacro da ressurreição, produzido por Satanás. O propósito dessa misteriosa transação é conceder a Satanás um corpo. Satanás governará em pessoa. O anticristo será uma espécie de encarnação de Satanás.[31]

O anticristo vai realizar grandes milagres. Diz o apóstolo Paulo: "Ora, o aparecimento do iníquo é segundo a eficácia de Satanás, com todo poder, e sinais, e prodígios da mentira" (2.9,10). A palavra grega *energeia*, traduzida por "eficácia", é empregada com frequência para a operação sobrenatural.

Atualmente, vivemos numa sociedade ávida por milagres. As pessoas andam atrás de sinais e serão facilmente enganadas pelo anticristo. Ele vai ditar e disseminar falsos ensinos (2.11). Nesse tempo, os homens não suportarão a sã doutrina (1Tm 4.1). As seitas heréticas, o misticismo e o sincretismo de muitas igrejas pavimentam o caminho para a chegada do anticristo.

Satanás dará poder a seu falso messias para que ele realize "[...] sinais, e prodígios da mentira" (2.9). Trata-se, sem dúvida, de uma imitação de Cristo, que realizou "[...] milagres, prodígios e sinais" (At 2.22). Warren Wiersbe descreve essa incansável tentativa de Satanás imitar a Deus, como segue:

> Satanás sempre foi um imitador. Existem falsos cristãos no mundo que, na verdade, são filhos do diabo (Mt 13.38; 2Co 11.26). Ele tem falsos ministros (2Co 11.13) que pregam um falso evangelho (Gl 1.6-9). Existe até mesmo uma "sinagoga de Satanás" (Ap 2.9), ou seja, um grupo de pessoas que pensa

---

31 LOPES, Hernandes Dias. *Apocalipse, o futuro chegou*, p. 271.

estar adorando a Deus, mas, na verdade, adora ao diabo (1Co 10.19-21). Esses cristãos falsos possuem uma justiça falsa que não é a justiça salvadora de Cristo (Rm 10.1-3; Fp 3.4-10). Eles têm uma certeza falsa que se mostrará inútil quando enfrentarem o julgamento (Mt 7.15-29).[32]

O propósito dos milagres de Deus é conduzir as pessoas à verdade; o propósito dos milagres do anticristo será o de levar as pessoas a crer em mentiras. Paulo os chama de "prodígios da mentira" (2.9), não porque os milagres não sejam reais, mas porque convencem as pessoas a crer nas mentiras de Satanás.[33]

O anticristo vai governar na força de Satanás. "Deu-lhe o dragão o seu poder, o seu trono e grande autoridade" (Ap 13.2). Na verdade, quem vai mandar é Satanás. Os governos subjugados por ele vão estar sujeitos a Satanás. Esse vai ser o período da história denominado por João o "pouco tempo" de Satanás (Ap 20.3). Esse será o tempo da grande tribulação. O governo do anticristo vai ser universal, pois Satanás é o príncipe deste mundo. O mundo inteiro jaz no maligno (1Jo 5.19). Aquele reino que Satanás ofereceu a Cristo, o anticristo o aceitará. Ele vai dominar sobre as nações: "Deu-se-lhe ainda autoridade sobre cada tribo, povo, língua e nação" (Ap 13.7). O governo universal do anticristo será extremamente cruel e controlador (Ap 13.16,17). O seu poder parecerá irresistível (Ap 13.4).

Os seguidores do anticristo apontados

Os seguidores do anticristo podem ser descritos de cinco maneiras bem distintas:

---

32 WIERSBE, Warren W. *Comentário bíblico expositivo*, p. 258.

33 WIERSBE, Warren W. *Comentário bíblico expositivo*, p. 258.

Em primeiro lugar, *eles não acolhem o amor da verdade* (2.10). A verdade de Deus não lhes interessa nem lhes apetece. Eles têm repúdio e aversão pela verdade. Veem-na como algo desprezível. Esse será o tempo da apostasia, a grande rebelião.

Em segundo lugar, *eles não dão crédito à verdade* (2.12). Eles serão julgados não pelo pecado da ignorância, mas pelo pecado da rejeição consciente da verdade. Eles desprezam a verdade, não porque a desconhecem, mas porque a abominam e a transformam em mentira e dão crédito à mentira enquanto repudiam a verdade (2.11).

Em terceiro lugar, *eles se deleitam na injustiça* (2.12). A razão e a emoção caminham juntas. Eles rejeitam a verdade e por isso se deleitam na injustiça. A impiedade deságua na perversão (Rm 1.18). A apostasia desemboca na corrupção moral. A teologia errada desemboca em vida errada. O prazer do ímpio está naquilo que Deus abomina. Ele se deleita naquilo que provoca náuseas em Deus. Jesus deixa esse ponto claro, quando diz: "O julgamento é este: que a luz veio ao mundo, e os homens amaram mais as trevas do que a luz; porque as suas obras eram más" (Jo 3.19).

Em quarto lugar, *eles são entregues por Deus à operação do erro* (2.11). Deus sentencia os seguidores do anticristo, dando a eles o que sempre buscaram. Eles não acolheram o amor da verdade nem deram crédito a ela. Então, como julgamento, Deus lhes entrega à operação do erro para darem crédito ao que amam, à mentira. A culpa da condenação do homem é só do homem. Quando o homem se perde, é sempre pela própria culpa, nunca de Deus, diz William Hendriksen.[34] Nessa mesma linha de pensamento, Howard Marshall diz que

---

34 HENDRIKSEN, William. *1 e 2 Tessalonicenses*, p. 274.

aqueles que se recusam a crer e a aceitar a verdade descobrem que o julgamento lhes sobrevém na forma de incapacidade de aceitar a verdade. O que o versículo ressalta é que esta é uma ação deliberada de Deus.[35]

Quando as pessoas espontânea e reiteradamente recusam tanto as promessas quanto as ameaças divinas, rejeitando tanto a Deus quanto suas mensagens, Deus mesmo as endurece a fim de que fiquem incapacitadas para o arrependimento e aptas para crerem na mentira do anticristo. William Hendriksen ilustra este fato assim:

> Quando Faraó endurecia seu coração (Êx 7.14; 8.15,32; 9.7), Deus endurecia o coração de Faraó (Êx 9.12). Quando o rei de Israel odiava os genuínos profetas de Deus, então o Senhor lhe permitia ser enganado, colocando um espírito mentiroso nos lábios de outros profetas (2Cr 18.22). Quando os homens praticam a impureza, Deus os entrega às luxúrias de seus corações para a impureza (Rm 1.24,26). E quando obstinadamente recusam reconhecer a Deus, ele finalmente os entrega a um estado mental corrompido e a uma conduta imunda (Rm 1.28).[36]

Em quinto lugar, *eles são julgados e condenados* (2.10,12). Os seguidores do anticristo serão julgados (2.12) e condenados à perdição. Eles perecem (2.10). O destino daqueles que rejeitam a Cristo e engrossam as fileiras do anticristo será o mesmo do dragão e do anticristo, o lago de fogo (Ap 20.10,15). Quem não anda no Caminho da vida, que é Cristo, caminha numa estrada de morte!

---

35 MARSHALL, I. Howard. *I e II Tessalonicenses: Introdução e comentário*, p. 239.

36 HENDRIKSEN, William. *1 e 2 Tessalonicenses*, p. 275.

A derrota do anticristo consumada

O anticristo não será derrotado por nenhuma força da terra. Ele parecerá um inimigo invencível (Ap 13.4). Porém, quando Cristo vier na sua glória o matará com o sopro da sua boca e com a manifestação da sua vinda (2.8). Os verbos "matar" e "destruir" não significam aniquilar, pois Apocalipse 20.10 indica que Satanás e seus ajudantes serão atormentados no lago de fogo para sempre.[37] O anticristo será quebrado sem esforço de mãos humanas (Dn 8.25). Jesus vai tirar o domínio do anticristo para destruí-lo e o consumir até o fim (Dn 7,26). Cristo colocará todos os seus inimigos debaixo dos seus pés (1Co 15.24,25). O anticristo será lançado no lago do fogo que arde com enxofre (Ap 19.20). O anticristo será atormentado pelos séculos dos séculos (Ap 20.10).

A igreja selada por Deus (Ap 9.4) preferirá a morte à apostasia e assim vencerá o dragão e o anticristo (Ap 12.11). Aqueles cujos nomes estão no Livro da Vida não adorarão o anticristo (Ap 13.8) nem serão condenados com ele, mas reinarão com Cristo para sempre.

William Barclay, conclui a análise do texto em tela, sugerindo três aplicações práticas oportunas:[38]

Há uma força do mal no mundo. O mistério da iniquidade já opera no mundo preparando o cenário para o aparecimento do homem da iniquidade. Muitos caminham despercebidos sem atentar para os perigos. Quando o gigantesco e seguro Titanic chocou-se em um *iceberg* no começo do século passado, houve uma grande perda de vidas. Antes do acidente,

---

37 WIERSBE, Warren W. *Comentário bíblico expositivo*, p. 258.

38 BARCLAY, William. *Filipenses, Colosenses, I y II Tesalonicenses*, p. 221,222.

havia um arrogante senso de segurança na inexpugnabilidade do navio.

Na estreia do grande transatlântico, quando mais de mil pessoas faziam a viagem dos sonhos para Nova York, não houve quase nenhuma instrução sobre a maneira de evacuar o navio em caso de acidente. Quase todo o tempo foi usado para falar sobre os deleites que o navio oferecia. Quando o navio começou a afundar, o pânico encheu o coração dos passageiros. Então é que foram perceber que não havia botes salva-vidas para todos. Por conseguinte, centenas de pessoas foram engolidas pelas águas geladas do Atlântico Norte.

Há muitos que navegam em águas perigosas ainda hoje. Poucos estão preparados para o dia do julgamento. Enquanto o mundo afunda no abismo do pecado, a igreja é desafiada a alcançar os povos da terra para Cristo, oferecendo-lhes um seguro salva-vidas.

Deus tem o controle. O iníquo, o filho da perdição, só aparecerá no tempo que Deus determinar e terá seu poder limitado, seu tempo limitado e sua derrocada lavrada. Até mesmo o mal mais hediondo está sob o controle de Deus.

O triunfo final de Deus é seguro. Ninguém poderá opor-se a Deus e prevalecer. O iníquo fará proezas e enganará a muitos, mas chegará o momento em que Deus dirá: "Basta". Então, ele será lançado no lago de fogo e será atormentado pelos séculos dos séculos.

Capítulo 3

O ANTICRISTO, O AGENTE DE SATANÁS

À guisa de introdução, destacamos dois pontos importantes:

Em primeiro lugar, *a pretensão do anticristo*. Satanás, embora derrotado (Ap 12), ainda recebe permissão para perseguir a igreja com sua fúria mais terrível. Ele sempre quis imitar a Deus. O dragão quis ser igual a Deus, numa tentativa de imitar a Deus Pai. A besta que surge da terra, o anticristo, tentará imitar Jesus Cristo. Como o Filho encarnou-se, morreu e ressuscitou, o anticristo será uma espécie de encarnação de Satanás, que passará por uma experiência de morte e um simulacro da ressurreição. A besta que surge da terra, o falso profeta, levará os homens a adorarem a primeira besta, numa tentativa de imitar o Espírito Santo que leva os homens a adorarem a Cristo. A grande meretriz, a falsa igreja, é uma imitação da mulher celestial, da noiva do Cordeiro, a igreja fiel. Onde quer que um poder civil despótico dê as mãos a alguma religião falsa, aí temos uma reprodução dessas duas bestas.

Em segundo lugar, *o tempo da aparição do anticristo*. Embora o mistério da iniquidade já esteja operando (2Ts 2.7), o anticristo como pessoa que encarnará o poder dos reinos ímpios e também todo o poder de Satanás, emergirá no breve tempo do fim, visto na Bíblia de várias formas: a) a apostasia (2Ts 2.3); b) a grande tribulação (Mt 24.21,22); c) a revelação do homem da iniquidade (2Ts 2.3); d) o pouco tempo de Satanás (Ap 20.3).

As várias facetas do anticristo

Vamos examinar agora as várias facetas do anticristo, conforme descreveram Daniel, Jesus, João e Paulo.

Como já dissemos anteriormente, em primeiro lugar, *o anticristo no livro de Daniel*. Em Daniel 7.1-6,17,18, o anticristo é representado inicialmente não como uma pessoa, mas como quatro reinos (leão, urso, leopardo e outro terrível) – os impérios da Babilônia, Medo-Persa, Grego e Romano. Em Daniel 7.21,25, o anticristo é prefigurado por Antíoco Epifanes, o implacável perseguidor dos judeus que profanou o templo de Jerusalém quando o consagrou ao deus grego Zeus e mais tarde sacrificou porcos no seu altar.

Em segundo lugar, *o anticristo no ensino de Jesus*. Em Mateus 24.15-28, o anticristo é visto de duas formas: Primeiro, como o imperador romano Tito que, no ano 70 d.C., destruiu a cidade de Jerusalém e o templo (Mt 24.15-20). Segundo, como um personagem escatológico (Mt 24.21,22). A profecia bíblica vai se cumprindo historicamente e avança para a sua consumação final.

Em terceiro lugar, *o anticristo no ensino do apóstolo João*. A palavra "anticristo" fala de um cristo substituto ou um cristo rival. O anticristo será um adversário jurado de Cristo. O termo anticristo é usado por João tanto no sentido impessoal (1Jo 4.2,3) como no sentido pessoal (1Jo 2.22; 2Jo 7). Mas João vê o anticristo como uma pessoa que já está presente, ou seja, como alguém que representa um grupo de pessoas. Assim, o anticristo é um termo utilizado para descobrir uma quantidade de gente que sustenta uma heresia fatal. João ainda fala tanto do anticristo que virá e do anticristo que já está presente (1Jo 2.28). Igualmente, João esperava um anticristo que viria no tempo do fim. Os anticristos são precursores do anticristo. Para João o anticristo sempre esteve presente nos seus precursores, mas ele se levantará no tempo do fim como expressão máxima da oposição a Cristo e sua igreja.

Em quarto lugar, *o anticristo como o homem do pecado no ensino de Paulo*. Na segunda carta aos tessalonicenses, Paulo trata desse solene assunto (2Ts 2.1-12). O homem da iniquidade surgirá da grande apostasia (2Ts 2.3). Ele será uma pessoa (2Ts 2.3). Ele será objeto de adoração (2Ts 2.4). Ele usará falsos milagres (2Ts 2.9). Ele só será revelado depois que aquilo e aquele que o detêm forem removidos (2Ts 2.6,7). Ele será totalmente derrotado por Cristo (2Ts 2.8).

A descrição do anticristo

Em Apocalipse 13, o apóstolo João destaca seis fatos acerca da besta, ou anticristo.

Em primeiro lugar, *a ascensão do anticristo se dará num tempo de muita turbulência* (Ap 13.1). João diz: "Vi emergir do mar uma besta" (Ap 13.1). O que significa isso? As águas do mar são multidões. São as nações e os povos na sua turbulência político-social (Ap 17.5). As águas são símbolo das nações não regeneradas em sua agitação (Is 57.20). Antes do levantamento do anticristo, o mundo estará em desespero, num beco sem saída. Ele emerge desse caos.

O pequeno chifre de Daniel, o homem da desolação citado por Jesus, o homem da iniquidade citado por Paulo, o anticristo citado por João e a besta que emerge do mar são a mesma pessoa. Esse personagem encarnou-se na figura dos imperadores (Dominus et Deus) e também em outros reis e reinos despóticos, mas se apresentará no fim como o anticristo escatológico. Ele com seu grande poder vai seduzir as pessoas e conquistar as nações. Ele se levantará num contexto de grandes convulsões naturais: Terremotos, epidemias e fomes. Ele aparecerá num tempo de grande convulsão social: Será um tempo de guerras e rumores de guerras, em que reinos se levantarão contra reinos.

O mundo será um campo de guerra. Ele surgirá num tempo de profunda inquietação religiosa. Ele brotará do ventre da grande apostasia. Os homens obedecerão a ensinos de demônios. Os falsos mestres e os falsos cristos estarão sendo recebidos com entusiasmo. Nesse tempo haverá duas igrejas: a apóstata e a fiel. Ele surgirá oferecendo solução aos problemas mundiais. O mundo estará seduzido pelo seu poder. Os homens estarão dizendo: "Paz, paz", quando lhes sobrevirá repentina destruição.

Ele surgirá num tempo de profunda desatenção à voz do juízo de Deus (Mt 24.37-39). Esse tempo será como nos dias de Noé.

Em segundo lugar, *o anticristo incorpora o poder, a força, e a crueldade dos grandes impérios do passado* (Ap 13.2). Daniel viu quatro animais ferozes, representando quatro reinos. A força anticristã foi vista por Daniel como quatro reinos que dominaram o mundo (Babilônia, Medo-Persa, Grécia e Roma). O anticristo incorpora todo o poder dos impérios anticristãos.

O anticristo é o braço de Satanás, enquanto o falso profeta é a mente de Satanás. Ele será um ser totalmente mau, prodigiosamente conquistador. Ele terá a ferocidade do leão, a força do urso e a velocidade do leopardo. A besta que sobe do mar simboliza o poder perseguidor de Satanás incorporado em todas as nações e governos do mundo ao longo de toda a História. Essa besta toma diferentes formas. No fim se manifestará na pessoa do homem da iniquidade.

Em terceiro lugar, *o anticristo agirá no poder de Satanás* (Ap 13.2-4; 2Ts 2.9,10). O anticristo vai manifestar-se com um grande milagre (Ap 13.3). Ele vai distinguir-se como uma pessoa sobrenatural, por um ato que será um simulacro da ressurreição. Como já dissemos anteriormente, esse fato é tão importante que João o registra três vezes (Ap 13.3,12,14). Certamente não será uma genuína ressurreição dentre os mortos, mas será o simulacro da ressurreição, produzido por Satanás. O propósito dessa misteriosa transação será conceder a Satanás um corpo. Satanás governará em pessoa.

O anticristo será uma espécie de encarnação de Satanás. A maioria dos estudiosos vê nessa figura a lenda do Nero redivivo. Nero se suicidou em 68 d.C., em um ano, em meio a golpes, surgiram quatro imperadores: Galba, Oto, Vitélio e finalmente Vespasiano. Depois surgiu a lenda de que Nero não tinha morrido, mas escapado para o Oriente, e que voltaria em triunfo. No tempo de João, Domiciano foi chamado o segundo Nero.

O anticristo vai realizar grandes milagres (2Ts 2.9,10). "Ora o aparecimento do iníquo é segundo a eficácia de Satanás, com todo poder, e sinais e prodígios da mentira". Hoje, vivemos numa sociedade ávida por milagres. As pessoas andam atrás de sinais e serão facilmente enganadas pelo anticristo.

O anticristo vai ditar e disseminar falsos ensinos (2Ts 2.11). Nesse tempo os homens não suportarão a sã doutrina (2Tm 4.3), mas obedecerão a ensinos de demônios (1Tm 4.1). As seitas heréticas, o misticismo e o sincretismo de muitas igrejas pavimentam o caminho para a chegada do anticristo.

O anticristo vai governar na força de Satanás (Ap 13.2). "Deu-lhe o dragão o seu poder, o seu trono e grande autoridade". Na verdade, quem vai mandar é Satanás. Os governos subjugados por ele vão estar sujeitos a Satanás. Será o pouco tempo de Satanás. O período da grande tribulação. O governo do anticristo vai ser universal, pois Satanás é o príncipe deste mundo. O mundo inteiro jaz no maligno. Aquele reino que Satanás ofereceu a Cristo, o anticristo o aceitará. Ele vai dominar sobre as nações. "Deu-se-lhe ainda autoridade sobre cada tribo, povo, língua e nação" (Ap 13.7). O governo universal do anticristo será extremamente cruel e controlador (Ap 13.16,17). O seu poder será irresistível (Ap 13.4). A grande pergunta será: "Quem é semelhante à besta? Quem pode pelejar contra ela?"

O anticristo vai se tornar irresistível (Ap 13.4). Ele será singular e irresistível. Terá a aparência de um inimigo invencível. Contra Deus e os santos que estão no céu vai blasfemar (Ap 13.6). Contra a igreja que estará na terra, ele vai perseguir e matar (Ap 13.7,15b).

Em quarto lugar, *o anticristo será objeto de adoração em toda a terra* (Ap 13.3,4,8,12; 2Ts 2.4). A adoração ao anticristo é o mesmo que a adoração a Satanás (Ap 13.4). Adoração é um tema central no livro de Apocalipse: a noiva está adorando o Cordeiro, e a igreja apóstata está adorando o dragão e o anticristo. O mundo está ensaiando essa adoração aberta ao anticristo e Satanás. Como já dissemos anteriormente, o satanismo e o ocultismo estão em alta. As seitas esotéricas crescem. A Nova Era proclama a chegada de um novo tempo, em que o homem vai curvar-se diante do "Maitrea", o grande líder mundial. A adoração de ídolos é uma espécie de adoração de demônios (1Co 10.19,20). A necromancia é uma adoração de demônios. O grande e último plano do anticristo é levar seus súditos a adorarem a Satanás (Ap 13.3,4). Esse será o período da grande apostasia. Nesse tempo os homens não suportarão a verdade de Deus e obedecerão a ensinos de demônios. O humanismo idolátrico. O endeusamento do homem e sua consequente veneração é uma prática satânica. Adoração ao homem e adoração a Satanás são a mesma coisa.

O anticristo fará forte oposição a toda adoração que não seja a ele mesmo (2Ts 2.4). Ele vai se opor e se levantar contra tudo que se chama Deus, ou objeto de culto. Assim agiram os imperadores romanos que viam no culto ao imperador o elo de fidelidade dos súditos do império. Deixar de adorar o imperador era infidelidade ao Estado. O anticristo também se assentará no templo de Deus, como Deus, fazendo-se passar por Deus. Ele vai usurpar a honra e a glória só devidas a Deus.

A adoração do anticristo será universal (Ap 13.8,16). Diz o apóstolo João que "adorá-lo-ão todos os que habitam sobre a terra, aqueles cujos nomes não foram escritos no Livro da Vida do Cordeiro" (Ap 13.8). Satanás vai tentar imitar Deus também nesse aspecto. Ao saber que Deus tem os seus selados, ele também selará os seus com a marca da besta (Ap 13.8,16-18). Todas as classes sociais se acotovelarão para entrar nessa igreja apóstata e receber a marca da besta (Ap 13.16).

O anticristo perseguirá de forma cruel aqueles que se recusarem a adorá-lo (Ap 13.7,15). Esse será um tempo de grande angústia (Jr 30.7; Dn 12.1; Mt 24.21,22). A igreja de Cristo nesse tempo será uma igreja mártir (13.7,10). Mas os crentes fiéis vão vencer o diabo e o anticristo, preferindo morrer a apostatar (Ap 12.11).

Em quinto lugar, *o anticristo fará oposição aberta a Deus e à sua igreja* (Ap 13.6,7; 2Ts 2.4). O anticristo será um opositor consumado de Deus (Dn 7.25; 11.36; 2Ts 2.4; Ap 13.6) — "Proferirá palavras contra o Altíssimo"; "[...] contra o Deus dos deuses, falará coisas incríveis". O apóstolo Paulo diz que ele "[...] se opõe e se levanta contra tudo que se chama Deus [...] ostentando-se como se fosse o próprio Deus". João declara: "[...] e abriu a boca em blasfêmias contra Deus, para lhe difamar o nome". Diz ainda: "Este é o anticristo, o que nega o Pai e o Filho". O anticristo vai usar todas as suas armas para ridicularizar o nome de Deus. Ele vai fazer chacota com o nome do Altíssimo.

O anticristo fará violenta e esmagadora oposição contra a igreja (Dn 7.25; 7.21; Ap 12.11; 13.7). Ele [...] magoará os santos do Altíssimo e cuidará em mudar os tempos e a lei; e os santos lhe serão entregues nas mãos". "Ele fará guerra contra os santos e prevalecerá contra eles". Porém, mediante a morte os santos o vencerão (Ap 12.11). João diz: "Foi-lhe dado, também, que pelejasse contra os santos e os vencesse" (Ap 13.7). O anticristo se levantará contra a igreja, contra o culto e contra toda expressão de fidelidade a Deus. Esse será o ponto mais intenso da grande tribulação (Mt 24.15-22).

Em sexto lugar, *o anticristo será apoiado pela segunda besta, o falso profeta* (Ap 13.11-18; 16.13; 19.20). A segunda besta seduzirá o mundo inteiro para adorar a primeira besta (Ap 13.11-15). Se a primeira besta é o braço de Satanás, a segunda é a mente de Satanás. Ela é o falso profeta. A primeira besta age no campo político, a segunda no campo religioso. O falso profeta vai preparar o terreno para o anticristo e vai preparar o mundo para adorá-lo. A primeira besta será conhecida pelo seu poder conquistador, pela sua força (Ap 13.4). A segunda besta será conhecida pelo seu poder sobrenatural, de fazer grandes milagres (Ap 13.13-16).

A segunda besta usará também a arma do controle para garantir a adoração da primeira besta (Ap 13.16-18). Esse será um tempo de cerco, de perseguição, de controle, de vigilância, de monitoramento das pessoas, no aspecto político, religioso e econômico. Todo regime totalitário busca controlar as pessoas e tirar delas a liberdade. A recusa na adoração à primeira besta implica morte (Ap 13.15b).

A segunda besta usará um selo distintivo para os adoradores da primeira besta (Ap 13.18; 14.9-11). Assim como a noiva do Cordeiro recebe um selo (Ap 7.3; 9.4), também os adoradores da besta recebem uma marca (Ap 13.16). Então só haverá duas igrejas na terra, aquela que adora a Cristo e aquela que adora o anticristo. Como os que recebem o selo de Deus terão a vida eterna, os que recebem a marca da besta vão perecer eternamente (Ap 14.11; 20.4).

A manifestação do anticristo

Destacaremos quatro pontos aqui:

Em primeiro lugar, *sua presente dissimulação e futura revelação* (2Ts 2.6-8). Diz o apóstolo Paulo que o anticristo está sendo detido por ALGO (2Ts 2.6) e por ALGUÉM (2Ts 2.7). "E, agora, sabeis *o que* o detém, para que ele seja revelado somente em ocasião própria. Com efeito, o mistério da iniquidade já opera e aguarda somente que seja afastado *aquele* que agora o detém" (2Ts 2.6,7, grifos do autor). Como já dissemos anteriormente, o que é esse ALGO? Quem é esse ALGUÉM? A maioria dos estudiosos entende que o algo é a LEI e que o ALGUÉM é AQUELE QUE FAZ A LEI SE CUMPRIR. É por isso que o anticristo vai surgir no período da grande apostasia, quando os homens não suportarão leis, normas nem absolutos. Então, eles facilmente se entregarão ao homem da ilegalidade, o filho da perdição.

Em segundo lugar, *o número de sua identificação* (Ap 13.18; 2Ts 2.3). O anticristo no seu cumprimento profético se deu em governos anticristãos e totalitários, ao longo dos séculos, que perseguiram a igreja, assim, o falso profeta simboliza as religiões e as filosofias falsas deste mundo que desviaram os homens de Deus para adorarem o anticristo e o dragão. Ambas as bestas se opõem à igreja durante toda a dispensação. Porém, o anticristo aponta para um personagem escatológico que reunirá toda a maldade dos impérios e governos totalitários.

O anticristo será uma pessoa, ele é o homem da iniquidade, o filho da perdição, o abominável da desolação, a besta que emerge do mar, a encarnação de Satanás. Os cristãos primitivos entenderam que ele era Nero. Os reformadores entenderam que ele era o papa romano. Estudiosos modernos disseram que foi representado por Napoleão, Hitler, Mussolini.

Seu número é 666. Sete é o número perfeito, seis o número imperfeito. Seis é o número do homem, o número incompleto, imperfeito, o número do fracasso. O número do anticristo é fracasso sobre fracasso, sobre fracasso. Ele incorporará a plenitude da imperfeição, a consumação da maldade.

Em terceiro lugar, *a limitação do anticristo* (Ap 13.5). O anticristo tem um poder limitado, visto que pode matar os santos, mas não vencê-los (Ap 12.11; 20.4). Os verdadeiros crentes preferirão a morte à apostasia (Ap 13.8), vencendo assim a besta (Ap 15.2). Eles não temem aquele que só pode matar o corpo e não a alma. O anticristo também não pode fazer nada contra Deus e contra os remidos na glória, a não ser falar mal (Ap 13.6). O anticristo tem um tempo limitado (Ap 13.5). Quando o seu tempo acabar, ele mesmo será lançado no lago do fogo (Ap 19.20).

Em quarto lugar, *a sua total destruição* (2Ts 2.8). Jesus o matará com o sopro da sua boca e o destruirá pela manifestação da sua vinda (2Ts 2.8). Ele será quebrado sem esforço de mãos humanas (Dn 8.25). Jesus vai tirar o domínio do anticristo para o destruir e o consumir até o fim (Dn 7.26). O anticristo será lançado no lago do fogo que arde com enxofre (Ap 19.20). Cristo colocará todos os seus inimigos debaixo dos seus pés (1Co 15.24,25). A igreja, selada por Deus (Ap 9.4), preferirá a morte à apostasia e assim vencerá o dragão e o anticristo (Ap 12.11). Aqueles cujos nomes estão no Livro da Vida não adorarão o anticristo (Ap 13.8). Eles reinarão com Cristo para sempre.

Capítulo 4

OS ELEMENTOS DA SEGUNDA VINDA DE CRISTO

O apóstolo Paulo abre as cortinas do futuro, acende a luz no palco da História e nos mostra que o melhor para o povo de Deus está por vir. O futuro não vem envolto em trevas. Ao contrário, ele traz em sua bagagem a garantia de que a morte não tem a última palavra. Não caminhamos para uma noite trevosa, mas para um amanhecer glorioso. Não estamos fazendo uma viagem rumo ao abismo, mas rumo à glória. Não avançamos para um destino desconhecido, mas para um lugar certo e glorioso que nos foi preparado.

Na sua segunda vinda, Cristo colocará todos os seus inimigos debaixo dos seus pés e triunfará sobre todos eles (1Co 15.25).

Vamos abordar o tema proposto à luz de 1Tessalonicenses 4.13-18. Destacamos na introdução três pontos:

Em primeiro lugar, *a desesperança daqueles que não conhecem a Deus* (1Ts 4.13). O mundo pagão era completamente desprovido de esperança. O futuro para eles era sombrio e ameaçador. Frente à morte, o mundo pagão reagia com profunda tristeza. A tristeza do pagão é incurável, contínua, e sem intermitência. Seu desespero não tem pausa. O verbo grego *lupesthe*, "entristecer-se", no tempo presente, significa uma tristeza contínua.[1] Uma inscrição típica encontrada em um túmulo demonstra esse fato: "Eu não existia. Vim a existir. Não existo. Não me importa".[2]

O mundo grego e romano dos dias de Paulo era um mundo totalmente sem esperança (Ef 2.12). No entendimento deles não havia nenhum futuro para o corpo, pois este não passava de uma prisão da alma. Os epicureus não acreditavam na eternidade. Para eles, a morte era o ponto final da existência. Os estoicos diziam que enquanto estamos vivos a morte não existe para nós, e quando ela aparecer, nós já não existimos.[3] Os pagãos reagiam com desespero diante da morte.

William Barclay registra o que alguns pensadores disseram.[4] Ésquilo escreveu: "Uma vez que o homem morre não há ressurreição". Teócrito disse: "Há esperança para aqueles que estão vivos, mas os que morrem estão sem esperança". Cátulo afirmou: "Quando nossa breve luz se extingue, há uma noite perpétua em que deveremos dormir".

---

1 RIENECKER, Fritz e ROGERS, Cleon. *Chave linguística do Novo Testamento Grego*, p. 444.

2 WIERSBE, Warren W. *Comentário bíblico expositivo*, p. 232.

3 HENDRIKSEN, William. *1 e 2 Tessalonicenses*, p. 164.

4 BARCLAY, William. *Filipenses, Colosenses, I y II Tesalonicenses*, p. 210.

Os crentes neófitos de Tessalônica, egressos dessa desesperançosa realidade, e ainda sendo brutalmente perseguidos, estavam se entristecendo, porque julgavam que seus entes queridos, os crentes que dormiam em Cristo haviam perecido. Essa carta foi escrita para abrir-lhes os olhos da alma para a bendita verdade divina acerca da esperança cristã.

William Hendriksen afirma com resoluta convicção: "De fato, à parte do cristianismo não existia nenhuma base sólida de esperança em conexão com a vida por vir".[5]

Em segundo lugar, *a tristeza dos que vivem sem esperança* (1Ts 4.13). A tristeza é filha da desesperança. O mundo sem Deus é um mundo triste. A morte para aqueles que não conhecem a Deus é um fim trágico. Na verdade, não há esperança fora da fé bíblica e evangélica. Só lhes resta uma profunda tristeza quando olham pelo túnel do tempo para verem o palco do futuro.

Howard Marshall diz que a igreja de Tessalônica enfrentava dois graves problemas que estava tirando sua alegria:

O primeiro dizia respeito aos membros da igreja que tinham morrido antes da segunda vinda de Cristo. A morte deles significava que estariam excluídos dos eventos gloriosos associados com a *parousia* (4.13-18)?

O segundo dizia respeito ao cronograma da segunda vinda. Por detrás dele havia o temor de que a *parousia* pudesse pegar os vivos desprevenidos e, portanto, não participariam da salvação (5.1-11).[6]

Em terceiro lugar, *a revelação de Deus que dá esperança* (1Ts 4.13,15). As religiões têm especulado sobre o destino da alma depois da morte. Os filósofos discutem a imortalidade.

---

5 HENDRIKSEN, William. *1 e 2 Tessalonicenses*, p. 164.

6 MARSHALL, I. Howard. *I e II Tessalonicenses: Introdução e comentário*, p. 145.

Os espíritas falam na comunicação com os mortos. Os católicos romanos pregam sobre o purgatório, um lugar de tormento e autopurificação. Há aqueles que negam a doutrina da segunda vinda de Cristo (2Pe 3.4).

Agora, Paulo resolve esse problema dizendo que não precisamos especular, pois temos uma revelação específica e clara de Deus acerca do nosso destino depois da morte (4.15; 2Tm 1.10).

A Bíblia tem uma clara revelação acerca da morte e da ressurreição (1Co 15.51-54; Jo 5.24-29; 11.21-27), bem como sobre a segunda vinda de Cristo (4.13-18). A autoridade da Palavra de Deus dá-nos a segurança e o conforto que nós precisamos, diz Warren Wiersbe.[7]

Quatro verdades essenciais da fé cristã são tratadas pelo apóstolo Paulo no texto em tela que servem de fundamento da nossa esperança.

A segunda vinda de Cristo

A segunda vinda de Cristo é a grande ênfase desta carta.

William Barclay diz que a palavra grega *parousia* era uma palavra técnica para descrever a vinda do rei. No grego clássico significa apenas presença ou vinda de uma pessoa. Nos papiros e no grego helenista, *parousia* é a palavra técnica que se usava com respeito à vinda de um imperador, de um rei, de um governador, e, em geral, de uma pessoa importante para a cidade, para a província. Tal visita requeria uma série de preparativos. Finalmente, *parousia* expressava a visita de um deus.

---

7 WIERSBE, Warren W. *Comentário bíblico expositivo.* Vol. 6, p. 232.

Foi precisamente essa palavra que Paulo usou para descrever a vinda de Jesus Cristo.[8]

Paulo abordou a doutrina da segunda vinda de Cristo em quatro perspectivas diferentes: em relação à salvação (1.9,10), ao serviço (2.19,20), à estabilidade (3.11-13) e ao consolo (4.18).

Russell Norman Champlin diz que em relação aos crentes a segunda vinda de Cristo, *a parousia*, se reveste dos seguintes elementos:

Os crentes devem amar a vinda do Senhor (2Tm 4.8); devem esperar por ele (Fp 3.20; Tt 2.13; devem aguardar a Cristo (1Co 1.7; 1 Ts 1.10); devemos apressar a vinda de Cristo (2Pe 3.12); devemos orar para o seu desenlace (Ap 22.20); devemos estar preparados para esse dia (Mt 24.44); devemos vigiar a respeito (Mt 24.42).[9]

O texto em apreço trata da segunda vinda de Cristo em conexão com a situação dos crentes que morreram. Paulo nos dá aqui quatro informações preciosas:

Em primeiro lugar, *não é a alma que dorme na hora da morte, mas o corpo*. A doutrina da aniquilação do ímpio e do sono da alma está em desacordo com o ensino das Escrituras.[10] Não é a alma que dorme na hora da morte, mas o corpo. O homem rico que se banqueteava com seus amigos, com vestes engalanadas, ao morrer, não foi aniquilado nem sua alma ficou

---

8 BARCLAY, William. *Palabras griegas del Nuevo Testamento.* Casa Bautista de Publicaciones, 1977, p. 169,170.

9 CHAMPLIN, Russell Norman. *O Novo Testamento interpretado versículo por versículo.* Vol. 5. n.d, p. 203.

10 Sl 16.11; Sl 17.15; Mt 8.11; Lc 16.16-31; Jo 17.24; 2Co 5.8; Fp 1.23; Hb 12.23; Ap 5.9; Ap 6.10; Ap 7.15; Ap 14.3; Ap 20.4.

dormindo. Ele foi para o inferno, onde enfrentou um terrível e intérmino sofrimento (Lc 16.19-31).

Ao ladrão arrependido na cruz Jesus disse: "Na verdade te digo que hoje mesmo estarás comigo no paraíso" (Lc 23.43). O paraíso não é a sepultura. Jesus entregou seu espírito ao Pai. A alma daquele ladrão arrependido não ficou em estado de inconsciência, mas foi imediatamente para o céu, para o paraíso, enquanto seu corpo desceu à sepultura. William Hendriksen, nessa mesma linha de pensamento, diz que esse dormir não indica um estado intermediário de repouso inconsciente (sono da alma). Ainda que a alma esteja dormindo para o mundo que deixou (Jó 7.9,10; Is 63.16; Ec 9.6), contudo, ela está desperta com respeito ao seu próprio mundo (Lc 16.19-31; 23.43; 2Co 5.8; Fp 1.21-23; Ap 7.15-17; 20.4).[11]

Howard Marshall diz que a palavra "dormir" era comum no mundo antigo como um eufemismo para a morte, e é achada tanto no Antigo quanto no Novo Testamento (Gn 47.30; Dt 31.16; 1Rs 22.40; Jo 11.11-13; At 7.60; 13.36; 1Co 7.39; 11.30).[12]

A Bíblia é clara ao afirmar que a morte para o cristão é deixar o corpo e habitar com o Senhor (2Co 5.8). Morrer é partir para estar com Cristo (Fp 1.23).

Na hora da morte, o corpo feito do pó, volta ao pó, mas o espírito volta para Deus (Ec 12.7). A figura do sono, portanto, é usada em relação ao corpo e não em relação ao espírito.

A figura do sono enseja-nos três verdades: Primeiro, o sono é símbolo de descanso. A Bíblia diz que aqueles que morrem no Senhor são bem-aventurados, porque descansam

---

11 HENDRIKSEN, William. *1 e 2Tessalonicenses*, p. 162.

12 MARSHALL, I. Howard. *I e II Tessalonicenses: Introdução e comentário*, p. 146.

das suas fadigas (Ap 14.13). Segundo, o sono pressupõe renovação. O corpo da ressurreição será um corpo incorruptível, imortal, poderoso, glorioso, celestial, semelhante ao corpo da glória de Cristo. Terceiro, o sono implica expectativa de acordar. O mesmo corpo que desceu à tumba sairá dela ao ressoar da trombeta de Deus.

Em segundo lugar, *os mortos em Cristo estão na glória com ele* (1Ts 4.14). Um indivíduo abordou um pastor cuja esposa havia morrido: "Eu soube que você perdeu a sua esposa. Eu sinto muito". O pastor respondeu: "Não, eu não a perdi. Você não perde uma coisa ou pessoa quando você sabe onde ela está. Eu sei onde ela está. Ela está com Jesus no céu".[13]

As almas dos remidos estão reinando com Cristo no céu (Ap 20.1-4). Os remidos não poderiam vir com Cristo se já não estivessem com ele. As almas no céu clamam (Ap 7.15- 17), descansam das fadigas (Ap 14.13), veem a face de Cristo (Ap 22.4), trabalham (Ap 22.5), e reinam (Ap 20.1-4).

Citando H. Bavinck, William Hendriksen diz que o estado dos bem-aventurados no céu, por mais glorioso que seja, tem um caráter provisório, e isto por diversas razões: 1) eles estão no céu, agora, limitados a esse céu, sem que possuam ainda a terra, a qual, com o céu, lhes foi prometida como herança; 2) ademais, vivem despojados do corpo; 3) a parte nunca está completada sem o todo. Somente em relação à comunhão com todos os santos pode-se conhecer a plenitude do amor de Cristo (Ef 3.18).[14] Na segunda vinda, o estado intermediário cederá espaço à gloriosa realidade da

---

13 WIERSBE, Warren W. *Comentário bíblico expositivo*, p. 233.

14 HENDRIKSEN, William. *A vida futura. São Paulo:* Casa Editora Presbiteriana, p. 56.

eternidade. "assim, estaremos para sempre com o Senhor" (1Ts 4.17).

Em terceiro lugar, *os mortos em Cristo virão com Cristo em glória* (1Ts 4.14). Cristo virá do céu num grande cortejo. Ele estará acompanhado de seus anjos e remidos. Nenhum deles ficará no céu nessa gloriosa vinda ao som de trombeta. Ele virá com os seus santos e para os seus santos. Entre nuvens eles descerão com o Rei dos reis para o maior evento da História, quando os túmulos serão abertos e quando os vivos serão transformados.

William Hendriksen coloca esse glorioso fato, assim:

O mesmo Deus que ressuscitou a Jesus dentre os mortos também ressuscitará dentre os mortos os que pertencem a Jesus. Ele os compelirá a virem com Jesus, do céu, ou seja: ele trará do céu suas almas, de modo que possam reunir-se rapidamente (num piscar de olhos) com seus corpos, e assim partir para encontrar o Senhor nos ares, a fim de permanecerem com ele para sempre.[15]

Em quarto lugar, *os mortos em Cristo não terão nenhuma desvantagem em relação aos vivos* (1Ts 4.15). Aqueles que morrem em Cristo não estão de forma alguma em desvantagem em relação aos que estiverem vivos na segunda vinda. E isto por duas razões:

Porque, quando o salvo morre, sua alma entra imediatamente no gozo do Senhor. As almas dos filhos de Deus vão diretamente para o céu depois da morte (Sl 73.24,25). A Bíblia diz que o espírito dos salvos na hora da morte é imediatamente aperfeiçoado para entrar na glória (Hb 12.23). O apóstolo Paulo

---

15 HENDRIKSEN, William. *1 e 2Tessalonicenses*, p. 168.

Os elementos da segunda vinda de Cristo

diz que partir para estar com Cristo é incomparavelmente melhor (Fp 1.23). Por isso, a morte para o crente é lucro (Fp 1.21), é preciosa aos olhos de Deus (Sl 116.15) e é uma profunda felicidade (Ap 14.13). Estevão na hora da morte, disse: "Senhor Jesus, recebe o meu espírito!" (At 7.59).

Porque, quando Jesus voltar, os mortos em Cristo ressuscitarão antes de os vivos serem transformados (4.15). Mesmo que esse fato seja tão repentino como um abrir e fechar de olhos (1Co 15.51,52), os corpos dos remidos, que estavam dormindo, se levantarão da terra antes de os vivos serem transformados e arrebatados (4.15; 1Co 15.51,52). A ressurreição precederá ao arrebatamento.

Quando o apóstolo Paulo diz que os mortos em Cristo ressuscitarão primeiro, não é em relação aos outros mortos, mas em relação aos que estiverem vivos. Paulo não está ensinando duas ressurreições. O texto em apreço é uma instrução apostólica acerca da esperança cristã. Ele está trazendo uma palavra de consolo para os crentes em relação ao estado dos que morrem em Cristo (4.18). Fica evidente, pois, que ambos os grupos, os mortos e os sobreviventes são crentes. Paulo não está traçando contraste entre crentes e descrentes, dizendo que os crentes ressuscitam primeiro, e os descrentes mil anos depois. Ambos os grupos: mortos ressurretos e vivos transformados sobem para encontrar o Senhor nos ares.

A ressurreição dos mortos

Destacamos alguns pontos no trato dessa matéria:

Em primeiro lugar, *a doutrina da ressurreição era rejeitada pelos gregos.* Quando Paulo pregou a doutrina da ressurreição aos filósofos atenienses, quase todos zombaram dele (At 17.32).

Os gregos eram como os saduceus que rejeitavam a doutrina da ressurreição (At 23.6-8). A grande esperança dos gregos era justamente livrar-se do corpo.[16] Tessalônica era uma cidade grega e os gregos não acreditavam na ressurreição do corpo. Os gregos achavam que o corpo era essencialmente mau. O corpo era considerado pelos gregos como um claustro, ou a prisão da alma. A destruição do corpo e não a sua ressurreição era desejada pelos gregos.

Em segundo lugar, *a ressurreição de Cristo é a garantia da nossa ressurreição* (1Ts 4.14). Alguns crentes de Tessalônica estavam tendo essa confusão de crer na ressurreição de Cristo sem crer ao mesmo tempo na ressurreição dos salvos (1Co 15.12,13). Paulo, então, mostra a eles que não podemos crer numa coisa sem crer na outra. Não podemos crer na ressurreição de Cristo sem crer na ressurreição dos salvos, visto que a ressurreição de Cristo é o penhor e a garantia da nossa ressurreição.

O apóstolo Paulo, tratando da mesma matéria em sua primeira carta aos coríntios, escreve mostrando a impossibilidade de crer na ressurreição de Cristo sem crer na ressurreição dos salvos:

> Ora, se é corrente pregar-se que Cristo ressuscitou dentre os mortos, como, pois, afirmam alguns dentre vós que não há ressurreição de mortos? E, se não há ressurreição de mortos, então, Cristo não ressuscitou. E, se Cristo não ressuscitou, é vã a nossa pregação, e vã a vossa fé; e somos tidos por falsas testemunhas de Deus, porque temos asseverado contra Deus que ele ressuscitou a Cristo, ao qual ele não ressuscitou, se é certo que os mortos não ressuscitam. Porque, se os mortos não ressuscitam, também Cristo não ressuscitou. E, se Cristo

16 Wiersbe, Warren W. *Comentário bíblico expositivo*, Vol. 6, p. 233.

não ressuscitou, é vã a vossa fé, e ainda permaneceis nos vossos pecados. E ainda mais: os que dormiram em Cristo pereceram. Se a nossa esperança em Cristo se limita apenas a esta vida, somos os mais infelizes de todos os homens. Mas, de fato, Cristo ressuscitou dentre os mortos, sendo ele as primícias dos que dormem.[17]

Na ressurreição, teremos ao mesmo tempo continuidade e descontinuidade. O mesmo corpo que descerá ao túmulo se levantará dele. Porém, esse corpo, mesmo mantendo sua identidade inalienável, não ressuscitará com as mesmas marcas de fraqueza e corruptibilidade. O corpo é uma espécie de semente. No sepultamento, lançamos na terra uma semente e dela brotará uma linda flor. O corpo da ressurreição será um corpo novo, imortal, incorruptível, poderoso, glorioso, espiritual, e celestial (1Co 15.35-49).

Em terceiro lugar, *a ressurreição dos mortos se dará na segunda vinda de Cristo* (1Ts 4.16). A segunda vinda de Cristo será pessoal, visível, audível, e gloriosa. Três fatos vão ocorrer, quando da segunda vinda de Cristo, em relação à ressurreição dos mortos:

O Senhor virá mediante a sua palavra de ordem (1Ts 4.16). Essa é uma voz de autoridade. Jesus Cristo dará uma palavra de ordem, como fez do lado de fora do túmulo de Lázaro (Jo 11.43). O evangelista João registra: "Os que se acham nos túmulos ouvirão a sua voz e sairão" (Jo 5.28). O soberano Senhor do universo erguerá a sua voz e todos os mortos a ouvirão e sairão dos seus túmulos, uns para a ressurreição da vida e outros para a ressurreição do juízo (Jo 5.28,29).

---

17 1Coríntios 15.12-20.

A palavra grega *keleusma,* traduzida por "palavra de ordem", significa comando, sonido. Essa palavra cujo significado traz a ideia de uma ordem gritada para os mortos levantarem de seus túmulos só aparece aqui em todo o Novo Testamento.[18] A palavra era usada de vários modos, por exemplo, o grito dado pelo mestre do navio para os seus remadores, ou por um oficial para os seus soldados, ou por um caçador para os seus cães, ou por um cocheiro para os cavalos. Quando usada para pessoa militar ou naval, era um grito de batalha. Na maior parte das vezes, denota um grito alto e autoritário, com frequência dado num momento de grande agitação.[19] Desta forma, Cristo retorna como um grande Vencedor. Sua palavra de ordem é como a ordem que um oficial dá em voz alta à sua tropa. É uma ordem expressa para que os mortos ressuscitem!

O Senhor virá mediante a voz do arcanjo (1Ts 4.16). O arcanjo era um termo para anjos do grau mais elevado. Essa palavra "arcanjo" só aparece aqui e em Judas 9. Na última passagem, o arcanjo é Miguel (Ap 22.7; Dn 10.13,21; 12.1). Ele é representado como o líder dos anjos santos e defensor do povo de Deus.[20] Para os crentes essa voz trará plenitude de alegria. Ela soará para proclamar a libertação do povo de Deus. Cristo virá para a libertação da igreja e o julgamento do mundo.

O Senhor virá mediante o ressoar da trombeta de Deus (1Ts 4.16). A trombeta era usada pelos judeus em suas festas, e também era associada com as teofanias e com o Fim, e é, também,

---

18 HENDRIKSEN, William. *1 e 2Tessalonicenses,* p. 171.

19 RIENECKER, Fritz e ROGERS, Cleon. *Chave linguística do Novo Testamento Grego,* p. 444.

20 HENDRIKSEN, William. *1 e 2Tessalonicenses,* p. 172.

Os elementos da segunda vinda de Cristo

ligada com a ressurreição dos mortos.[21] No Império Romano, as trombetas eram usadas para anunciar a chegada de uma pessoa importante.[22] William Hendriksen tece o seguinte comentário acerca do sonido da trombeta:

O sonido da trombeta aqui é muito apropriado. Na antiga dispensação, quando Deus "descia", por assim dizer, para encontrar-se com o seu povo, esse encontro era anunciado por meio do sonido de uma trombeta (Êx 19.16,17). Por isso, quando as bodas do Cordeiro com sua noiva atingir seu clímax (Ap 19.7), esse clangor de trombeta será muitíssimo apropriado. Da mesma forma, a trombeta foi usada como sinal da vinda do Senhor para resgatar o seu povo da opressão hostil (Sf 1.6; Zc 9.14). Foi o sinal de seu livramento. Assim também o último sonido de trombeta será o sinal para os mortos ressurgirem, para os vivos se transformarem e para que todos os eleitos de Deus sejam reunidos dos quatro ventos (Mt 24.31) para o encontro do Senhor.[23]

Essa descida do Rei dos reis, acompanhado dos anjos e remidos entre nuvens, será visível, audível, e majestosa. Ele virá para juízo e também para livramento (Mt 25.31-46).

O arrebatamento

A palavra "arrebatamento" foi usada em vários contextos do Novo Testamento. O emprego variado da palavra lança luz sobre esse auspicioso evento por vir.

---

21 RIENECKER, Fritz e ROGERS, Cleon. *Chave linguística do Novo Testamento Grego*, p. 444.

22 WIERSBE, Warren W. *Comentário bíblico expositivo,* Vol. 6, p. 234.

23 HENDRIKSEN, William. *1 e 2Tessalonicenses*, p. 173.

Não estaremos usando aqui o termo "arrebatamento" no mesmo sentido utilizado pelos dispensacionalistas. Os dispensacionalistas pregam um arrebatamento invisível e inaudível.[24] Não subscrevemos a doutrina do arrebatamento secreto e distinto da segunda vinda visível. Não entendemos que o ensino dispensacionalista, que afirma que a segunda vinda de Cristo se dará em dois turnos, um secreto e outro visível, tenha amparo nas Escrituras. Cremos, sim, que a segunda vinda será única, visível, audível, e gloriosa.

Como essa palavra "arrebatamento" foi usada no Novo Testamento? Warren Wiersbe sugere quatro formas diferentes dessa palavra que lançam luz sobre o arrebatamento dos salvos.[25]

Em primeiro lugar, *foi usada no sentido de arrebatar rapidamente* (At 8.39). Filipe foi arrebatado rapidamente da presença do eunuco. Quando Cristo vier no ar, entre nuvens, os mortos em Cristo ressuscitarão com corpos gloriosos e nós os que estivermos vivos seremos transformados e arrebatados rapidamente como num piscar de olhos (1Co 15.52).

Em segundo lugar, *foi usada no sentido de arrebatar pela força* (Jo 6.15). A multidão estava com o intuito de arrebatar Jesus para fazê-lo rei. Cristo nos arrebatará e nos tomará da terra. Nada nos deterá aqui. Nada nos prenderá a este mundo. Não hesitaremos como a mulher de Ló. Seremos arrancados como por uma força magnética. Seremos atraídos a Jesus pelo seu poder para encontrá-lo nos ares.

Em terceiro lugar, *foi usada no sentido de arrebatar para um novo lugar* (2Co 12.3). Paulo foi arrebatado da terra para o céu.

---

24 HENDRIKSEN, William. *A vida futura*, p. 200.

25 WIERSBE, Warren W. *Comentário bíblico expositivo*, Vol. 6, p. 234, 235.

Jesus foi preparar-nos um lugar (Jo 14.3). Quando ele vier, ele vai nos levar para a casa do Pai. Nós somos peregrinos aqui neste mundo. Nossa casa permanente não é aqui. Nossa pátria não está aqui. A nossa pátria está no céu (Fp 3.20,21).

Em quarto lugar, *foi usada no sentido de arrebatar do perigo* (At 23.10). Paulo foi arrebatado da turba de judeus que queria matá-lo. O mundo está maduro para o juízo. O mundo sofrerá o ardor da ira de Deus no seu justo julgamento. Porém, nós não entraremos em juízo condenatório. Não estamos destinados para a ira, mas para vivermos em deliciosa comunhão com o Senhor por toda a eternidade.

A eternidade com o Senhor

Os salvos serão arrebatados para viverem eternamente com o Senhor. A eternidade é mais do que uma duração infinita de tempo; é uma qualidade superlativa de vida. A eternidade é uma reunião, em que os salvos estarão para sempre com o Senhor. A essência da vida eterna é comunhão com Deus e com o seu Filho (Jo 17.3).

A palavra grega *apanthesis*, "reunião", "encontro" tem um sentido técnico no mundo helenístico em relação à visita de dignitários às cidades, onde o visitante seria formalmente encontrado pelos cidadãos, ou uma delegação deles, que sairiam da cidade para esse propósito e, então, seria cerimonialmente escoltado de volta para a cidade.[26] O sentido original era de "encontrar-se com alguém da realeza ou com alguma pessoa importante".[27]

---

26 RIENECKER, Fritz e ROGERS, Cleon. *Chave linguística do Novo Testamento Grego*, p. 444.

27 WIERSBE, Warren W. *Comentário bíblico expositivo*, p. 235.

Como será essa reunião com o Senhor?

Em primeiro lugar, *esse encontro será a festa apoteótica das bodas do Cordeiro*. A eternidade não será uma sucessão de tempo interminável, monótona, e entediante. A eternidade será uma festa que nunca vai acabar. A Bíblia diz que esse será como um dia eterno da celebração das bodas do Cordeiro. As bodas tinham quatro estágios:

O compromisso do noivado. Cristo se comprometeu em amor com sua noiva. Ela está se preparando e se ataviando para o seu noivo.

A preparação para o casamento. Nesse tempo o noivo paga o dote pela noiva e a noiva se atavia para o noivo. Cristo morreu pela sua igreja e a igreja está se preparando para receber Jesus.

O cortejo do noivo à casa da noiva com seus amigos. O noivo é acompanhado dos amigos com música até a casa da noiva. Cristo virá com os anjos e os remidos ao som da trombeta de Deus para buscar a sua noiva, a igreja. Depois ele voltará com a sua noiva gloriosa para a casa do Pai.

A festa das bodas, então, tem início. Este será o encontro íntimo, eterno, e bendito entre o Cordeiro e sua noiva, quando pela eternidade sem fim desfrutaremos de sua presença e nos deleitaremos em sua comunhão. Não apenas teremos total e íntima comunhão com Cristo, mas também vamos nos relacionar intimamente uns com os outros. Seremos uma só família, um só rebanho (1Co 13.12).

Em segundo lugar, *esse encontro será glorioso*. A vinda de Cristo será um dia de trevas para os inimigos do Cordeiro e um dia de glória para a igreja. A Babilônia, o falso profeta, o anticristo, o dragão, a morte e aqueles que não tiveram seus nomes inscritos no Livro da Vida serão lançados no lago de fogo. Porém, os remidos, com corpos luminosos como o sol em seu fulgor, subirão para reinarem com Cristo por toda a eternidade. Entrarão, enfim, naquele lar onde não haverá mais dor, nem lágrimas, nem luto. Então, se cumprirá o desejo de Cristo, que nós pudéssemos um dia ver sua glória e compartilhar dela (Jo 17.22-24). O apóstolo Paulo diz que essa esperança bendita nos ajuda a enfrentar os sofrimentos do tempo presente (Rm 8.18), pois em comparação com a glória que será revelada em nós, as nossas tribulações, aqui, são leves e momentâneas (2Co 4.17).

Em terceiro lugar, *esse encontro será eterno* (1Ts 4.17). O apóstolo Paulo acentua: "E, assim, estaremos para sempre com o Senhor" (4.17). O propósito da redenção não é apenas nos livrar da condenação, mas também nos conduzir à comunhão com Cristo para sempre e sempre. Nesse encontro não haverá despedidas nem adeus. Antonio Hoekema refutando a tese dispensacionalista de um arrebatamento pré-tribulacional, escreve:

> A ideia que depois de encontrar com o Senhor nos ares estaremos com ele durante sete anos no céu, e mais tarde durante mil anos sobre a terra, é pura especulação e nada mais. A unidade eterna com Cristo na glória é o claro ensino desta passagem, e não um arrebatamento pré-tribulacional.[28]

Howard Marshall corretamente afirma que a ideia da existência interminável não é especialmente atraente ou consoladora se não é melhor do que a vida atual. Para o cristão, no entanto, a vida aqui e agora é a vida em comunhão com Jesus, e a esperança futura é de uma vida ainda mais estreitamente ligada a ele.[29]

---

28 HOEKEMA, Antonio A. *La Bíblia e el futuro,* p. 193.

29 MARSHALL, I. Howard. *I e II Tessalonicenses: Introdução e comentário,* p. 151.

Duas conclusões devem ser extraídas dessa magnífica passagem:

A segunda vinda de Cristo marcará o fim das oportunidades. Desde o momento em que o Senhor surge nas nuvens do céu e se põe a descer, não haverá mais oportunidade para a conversão. Ele não vem para salvar, mas para julgar, diz William Hendriksen.[30] Ele não vem mais como o servo sofredor, mas como o rei vitorioso. Ele não vem mais com as marcas dos cravos em suas mãos, mas com o cetro de ferro para subjugar as nações. Quando a trombeta soar não haverá mais tempo para se preparar. A porta estará fechada e, então, será tarde demais para se buscar a salvação. Agora é o tempo aceitável. Hoje é o dia da salvação.

A segunda vinda de Cristo deve encher o coração dos salvos de consolo. O propósito de Paulo em ensinar sobre a segunda vinda de Cristo e a ressurreição não é alimentar a curiosidade frívola, mas consolar os crentes. Uma vez esclarecido que os que adormecem em Cristo não sofrem nenhuma desvantagem em relação aos sobreviventes, surge, pois, uma sólida base para o encorajamento, diz William Hendriksen.[31] Aqueles que creem em Cristo e foram perdoados; cujos nomes estão escritos no Livro da Vida, não têm motivo para se entristecerem. Eles devem animar uns aos outros uma vez que caminhamos não para uma tumba fria, mas para o alvorecer da ressurreição. Nosso destino é a glória. Nossa pátria é o céu. Temos uma viva e bendita esperança. Temos uma imarcescível coroa para receber. Temos uma mui linda herança. Temos pela frente o paraíso, a casa do Pai, o lar celeste, a nova Jerusalém, a bem-aventurança eterna!

---

30 HENDRIKSEN, William. *1 e 2Tessalonicenses*, p. 176.

31 HENDRIKSEN, William. *1 e 2Tessalonicenses*, p. 177.

Capítulo 5

QUE ATITUDE A IGREJA DEVE TER EM RELAÇÃO À SEGUNDA VINDA DE CRISTO?

A doutrina das últimas coisas, especialmente, a segunda vinda de Cristo tem despertado grande interesse nos círculos evangélicos nos últimos dois séculos. Inúmeras obras foram escritas com as perspectivas as mais diferentes. Essa revitalização da doutrina trouxe fortalecimento na fé e profundo engajamento missionário por parte de alguns e, infelizmente, sérios desvios por parte de outros.

Hoje, vemos dois extremos com respeito à discussão dessa matéria:

Em primeiro lugar, *aqueles que se entregam à curiosidade frívola*. Não poucos estudiosos da Bíblia, no afã de mergulhar nas profecias bíblicas chegam às raias do entusiasmo inconsequente, marcando data para a segunda vinda de Cristo e descrevendo minúcias desse auspicioso acontecimento escatológico.

A grande tese de Paulo é que a igreja não deve se preocupar com as minúcias da data da segunda vinda de Cristo, mas, sim, estar preparada para a sua volta. Vigilância e trabalho e não especulação é o que a Bíblia ensina quanto a esse momentoso tema.

A razão de não ser necessário Paulo escrever aos tessalonicenses acerca dos tempos e épocas da segunda vinda de Cristo (5.1) não foi por ele julgar essas informações irrelevantes ou desnecessárias, mas porque ele já havia ensinado a eles que essa matéria estava além da esfera de seu ensino. O papel da igreja não é saber tempos ou épocas que o Pai reservou para a sua exclusiva autoridade, mas estar engajada na obra e preparada para a *parousia*.[1] O dia da segunda vinda de Cristo não foi revelado aos anjos nem a nós. É da autoridade exclusiva do Pai (Mt 24.36; At 1.7).

Em segundo lugar, *aqueles que se entregam ao ceticismo incrédulo*. Se por um lado existem aqueles que deixam de fazer a obra por causa da expectativa iminente da segunda vinda, há também aqueles que vivem despreocupadamente sem dar crédito a ela. Estes são zombadores e escarnecedores, que andam dizendo: "Onde está a promessa da sua vinda? Porque, desde que os pais dormiram, todas as cousas permanecem como desde o princípio da criação" (2Pe 3.4).

Em meio a esses dois extremos, como a igreja de Cristo deve se portar? Que atitude deve ter em relação à segunda vinda de Cristo? Vamos examinar esse momentoso assunto à luz de 1Tessalonicenses 5.1-11. George Barlow diz que a igreja deve aguardar a segunda vinda de Cristo com uma

---

1 GLOAG, P. J. *I Thessalonians*. In the pulpit commentary. Vol. 21, 1978, p. 102.

atitude de expectativa, vigilância, coragem militante e confiança.[2] Consideremos esses pontos:

A igreja deve aguardar a segunda vinda de Cristo com grande expectativa

Em 1Tessalonicenses 4.13-18, o apóstolo Paulo respondeu à pergunta sobre a situação das pessoas que morrem em Cristo, dizendo que elas não estão em nenhuma desvantagem com respeito aos vivos. Agora, Paulo respondeu mais uma pergunta da igreja a respeito do tempo e da forma da segunda vinda de Cristo.

Em primeiro lugar, *a segunda vinda de Cristo virá em tempo desconhecido pela igreja* (1Ts 5.1). Paulo já havia ensinado à igreja sobre o *crónos* e o *kairós* de Deus em relação à segunda vinda (5.1). O mesmo fizera Jesus com os apóstolos (At 6.6,7), dizendo-lhes que não lhes competia saber tempos ou épocas. O dia da segunda vinda de Cristo só é conhecido por Deus (Mt 24.36). Qualquer especulação sobre essa data é perda de tempo e desobediência ao ensino bíblico.

A palavra *crónos* significa o tempo cronológico, os eventos que se seguem um ao outro, enquanto *kairós* é um tempo em particular e a natureza dos acontecimentos. Fritz Rienecker diz que a palavra *crónos* denota simplesmente duração de tempo ou o tempo visto em sua extensão, enquanto *kairós* refere-se ao tempo apropriado, o momento certo.[3]

---

2 Barlow, George. *The preacher's complete homiletic commentary.* Vol. 28, 1996, p. 535-537.

3 Rienecker, Fritz e Rogers, Cleon. *Chave linguística do Novo Testamento Grego,* 1985, p. 444.

A igreja de Tessalônica queria saber detalhes sobre o tempo da segunda vinda de Cristo e Paulo não tem nada a acrescentar além do que já havia ensinado oralmente aos crentes quando de sua estada entre eles. Eles queriam saber com precisão o tempo da segunda vinda. Mas Paulo não é um escatologista que se detém em datas. Ele não vive com uma calculadora na mão fazendo contas para marcar datas nem com um mapa profético fazendo conexões entre estes e aqueles acontecimentos históricos. Ele já havia ensinado à igreja que a ninguém foi dado conhecer com precisão o tempo exato da segunda vinda de Cristo. Somente Deus conhece esse dia!

Muitas igrejas, infelizmente, estão tão preocupadas com os sinais da segunda vinda que esquecem de fazer a obra de Deus.

Em segundo lugar, *a segunda vinda de Cristo será repentina* (1Ts 5.2). O apóstolo Paulo afirma: "[...] pois vós mesmos estais inteirados com precisão de que o Dia do Senhor vem como ladrão de noite" (5.2). A palavra traduzida "com precisão" significa "acuradamente" ou "detalhadamente".

Howard Marshall diz que muitas pessoas hoje desejam ardentemente informações detalhadas acerca do tempo e do curso dos últimos eventos, e há escritores que estão dispostos a responder às perguntas escatológicas com pormenores minuciosos e com não pouca imaginação. Alguns defensores do ensino "dispensacional" acerca da segunda vinda de Jesus são especialmente propensos a oferecer cronogramas exaustivos e esmerados dos acontecimentos futuros.

Paulo não foi assim. Quando lhe pediram informações detalhadas, nada mais tinha para dizer senão aquilo que diz nesta passagem. Os ensinadores cristãos hoje fariam bem se seguissem seu exemplo e assim evitassem "ir além daquilo que está escrito" (1Co 4.6).[4]

A segunda vinda de Cristo virá como um ladrão de noite. Essa mesma comparação é usada pelo Senhor Jesus Cristo (Mt 24.43; Lc 12.39), bem como pelo apóstolo Pedro (2Pe 3.10). Jesus virá de forma repentina e rápida. Essa vinda é descrita como um relâmpago que sai do Oriente e vai até o Ocidente. Ela será tão repentina como um abrir e fechar d'olhos. Quando se ouvir o grito do noivo, não haverá mais tempo para se preparar. Quando o noivo chegar, a porta será fechada e ninguém mais poderá entrar.

Em terceiro lugar, *a segunda vinda de Cristo será inesperada* (1Ts 5.2). O ladrão vem e pega a família de surpresa, pois não é esperado. Ele sempre chega de surpresa. Ele não manda um telegrama anunciando o dia nem a hora da sua chegada.

William Hendriksen diz que um ladrão nunca envia antecipadamente uma carta de aviso sobre o seu plano, dizendo: "Amanhã, a tal hora, farei uma visita. Esconda em lugar seguro os seus valores". Não! Ele vem repentina e inesperadamente. Por isso, é perda de tempo indagar quanto tempo falta ou quando será.[5] Quando Cristo voltar, as pessoas não vão estar apercebidas. Elas estarão despreparadas e desprevenidas. Jesus alerta para esse fato solene em uma parábola:

> Sabei, porém, isto: se o pai de família soubesse a que hora havia de vir o ladrão, [vigiaria e] não deixaria arrombar a sua casa. Ficai também vós apercebidos, porque, à hora em que não cuidais, o Filho do homem virá (Lc 12.39,40).

---

4 MARSHALL, I. Howard. *I e II Tessalonicenses: Introdução e comentário*, p. 161.

5 HENDRIKSEN, William. *1 e 2Tessalonicenses*, p. 180.

Howard Marshall diz que o ponto de comparação é duplo. Primeiro, expressa a imprevisão do evento. O ladrão vem e pega a família de surpresa, pois não é esperado. Segundo, provavelmente devamos também observar um elemento de uma acolhida ruim. Paulo está olhando a questão do ponto de vista daqueles que descobrirão que o dia é de julgamento, e, portanto, diz que será repentino e mal recebido tanto quanto a visita de um arrombador.[6]

O mundo será pego de surpresa, porque recusa ouvir a Palavra de Deus e atentar para a sua advertência. Deus avisou que o dilúvio estava a caminho e, no entanto, somente oito pessoas creram e foram salvas (1Pe 3.20). Ló avisou sua família de que a cidade seria destruída, mas ninguém lhe deu ouvidos (Gn 19.12-14). Jesus avisou sua geração de que Jerusalém seria destruída (Lc 21.20-24), mas muitos pereceram durante o cerco.[7]

O Senhor Jesus disse que na sua segunda vinda o mundo vai estar desatento, pois será como nos dias do dilúvio. As pessoas estarão cuidando dos seus interesses: casando-se, e dando-se em casamento, comendo, bebendo e festejando.[8]

Em quarto lugar, *a segunda vinda de Cristo virá num tempo de aparente paz e segurança no mundo* (1Ts 5.3). O apóstolo Paulo alerta: "Quando andarem dizendo: Paz e segurança, eis que lhes sobrevirá repentina destruição, como vêm as dores de parto à que está para dar à luz; e de nenhum modo escaparão" (5.3). A fraseologia "paz e segurança" ecoa nas passagens do Antigo Testamento (Jr 6.14; 8.11; Ez 13.10; Mq 3.5),

---

6 MARSHALL, I. Howard. *I e II Tessalonicenses: Introdução e comentário*, p. 162.

7 WIERSBE, Warren W. *Comentário bíblico expositivo,* Vol. 6, p. 238.

8 HENDRIKSEN, William. *1 e 2Tessalonicenses*, p. 181.

que falam da atividade de falsos profetas que asseguravam o povo que nada tinha a temer a despeito da podridão que caracterizava a sociedade.

Nessa passagem, no entanto, a ideia pode dizer respeito mais ao mundo pecaminoso que se consola pensando que nada pode lhe acontecer (2Pe 3.3,4). Será exatamente quando isto estiver sendo dito que lhes sobrevirá repentina destruição, diz Howard Marshall.[9]

Russel Norman Champlin diz que a palavra grega *eirene*, "paz" alude ao contentamento no íntimo, à tranquilidade, supostamente baseada na paz estabelecida entre os homens. Já o termo *asphaleia*, "segurança" indica uma segurança sem obstáculos e perturbações.[10]

Quando Cristo voltar, a sociedade no mundo estará pensando que é marcada por paz e segurança. Os homens ímpios terão um grande senso de segurança. "Os incrédulos do mundo são como bêbados vivendo em um paraíso falso e desfrutando uma segurança falsa".[11]

Os governos mundiais e órgãos internacionais estarão erguendo monumentos a essa aparente paz e segurança. Os homens pensarão firmemente que estarão no controle da situação. Por isso, podemos afirmar que a segunda vinda não será num tempo óbvio para as nações. Os homens estarão no apogeu da sua autoconfiança. Eles estarão se sentido na fortaleza da paz interna e da segurança externa. Quando, porém, pensarem estar mais seguros, então, lhes sobrevirá o maior perigo.

---

9 MARSHALL, I. Howard. *I e II Tessalonicenses: Introdução e comentário*, p. 162,163.

10 CHAMPLIN, Russell Norman. *O Novo Testamento interpretado versículo por versículo,*. p. 210.

11 WIERSBE, Warren W. *Comentário bíblico expositivo*, Vol. 6, p. 239.

Jesus descreveu essa aparente segurança dos homens quando da sua segunda vinda, assim:

> Assim como foi nos dias de Noé, será também nos dias do Filho do homem: comiam, bebiam, casavam e davam-se em casamento, até o dia em que Noé entrou na arca, e veio o dilúvio e destruiu a todos. O mesmo aconteceu nos dias de Ló: comiam, bebiam, compravam, vendiam, plantavam e edificavam; mas, no dia em que Ló saiu de Sodoma, choveu do céu fogo e enxofre e destruiu todos. Assim será no dia em que o Filho do homem se manifestar (Lc 17.26-30).

Em quinto lugar, *a segunda vinda de Cristo será inescapável* (1Ts 5.3). A repentinidade da *parousia* é enfatizada pela segunda comparação de Paulo: "[...] como vêm as dores de parto à que está para dar à luz; e de nenhum modo escaparão (5.3). Esta é uma metáfora bíblica comum (Sl 48.6; Is 13.8; 21.17,18; Jr 6.24; 22.23; Mq 4.9) usada para expressar a pura dor e agonia de experiências desagradáveis. Essa figura enfatiza a condição inevitável e inescapável desse julgamento. Para os que estiverem despreparados, o Dia do Senhor terá o caráter de um julgamento certeiro.[12]

Russel Normal Champlin diz que o mundo inteiro agonizará como uma mulher que está em trabalho de parto. A mulher grávida traz, em seu próprio ventre, a causa de sua dor eventual. E o mundo, em sua iniquidade, faz a mesma coisa, pois nutre aquilo que lhe fará passar por grande dor.[13]

A segunda vinda de Cristo não apenas virá de forma repentina e inesperada, mas também será inescapável. Julgamento e

---

12 MARSHALL, I. Howard. *I e II Tessalonicenses: Introdução e comentário*, p. 163.

13 CHAMPLIN, Russell Norman. *O Novo Testamento interpretado versículo por versículo.*, Vol. 5, p. 210.

destruição serão absolutamente certos para os ímpios. Todos os seres humanos que não colocaram sua confiança em Cristo irão enfrentar esse terrível Dia do Senhor. Será como a dor de parto que vem inescapavelmente para a mulher grávida. Assim, Paulo está mostrando com essa metáfora a condição inevitável e inescapável desse julgamento.

Ninguém poderá se esconder dessa manifestação gloriosa nem evitar esse glorioso e terrível dia. Jamais os ímpios escaparão das dores desse mais estupendo evento da História. A desesperada, porém, frustrada tentativa do ímpio para escapar desse dia é vividamente retratada em Apocalipse 6.12-17. Ninguém, porém, escapará!

Em sexto lugar, *a segunda vinda de Cristo será um dia de glória e terror ao mesmo tempo* (1Ts 5.3). Se a segunda vinda de Cristo será o dia da recompensa dos salvos (4.13-18), ao mesmo tempo, será um dia de terror e catastrófica destruição para os ímpios (5.3). Exatamente no mesmo instante que o mundo estará se ufanando de sua paz e segurança, uma repentina destruição virá sobre ele. Essa destruição será totalmente inesperada. O profeta Isaías descreve esse terrível dia, assim:

Uivai, pois está perto o Dia do SENHOR; vem de Todo-poderoso como assolação. Pelo que todos os braços se tornarão frouxos, e o coração de todos os homens se derreterá. Assombrar-se-ão, e apoderar-se-ão deles dores e ais, e terão contorções como a mulher parturiente; olharão atônitos uns para os outros; o seu rosto se tornará rosto flamejante (Is 13.6-8).

Esse dia é descrito como o grande e terrível Dia do Senhor. Será o dia do juízo. O dia do julgamento. O Dia do Senhor, o dia da segunda vinda de Cristo (Mt 24.27,37,39) será o dia de glória para os salvos, mas de pranto, dor e perdição para os ímpios (Am 5.18-20). Os escritores do Novo Testamento identificam "o Dia do Senhor" como o dia da segunda vinda de Cristo.

William Barclay diz que para o judeu todo o tempo estava dividido em duas eras. A era presente que se considerava absoluta e irremediavelmente má. E a era futura que seria a época de ouro de Deus. Mas entre ambas estava o Dia do Senhor. Esse dia ia ser terrível. Seria como as dores de parto de um mundo novo; um dia em que um mundo se destroçaria e o outro nasceria para a vida.[14]

A igreja deve aguardar a segunda vinda de Cristo com profunda vigilância

Warren Wiersbe diz que Paulo está fazendo em todo esse parágrafo um contraste entre os salvos que estão preparados para a segunda vinda de Cristo e os ímpios que estão despreparados. O contraste pode ser assim descrito: 1) conhecimento e ignorância (5.1,2); 2) expectativa e surpresa (5.3-5); 3) sobriedade e embriaguez (5.6-8); 4) salvação e julgamento (5.9-11).[15] Duas verdades merecem destaque.

Em primeiro lugar, *a vigilância é resultado de uma transformação espiritual* (1Ts 5.4,5). Como dissemos, Paulo, agora, formula um contraste entre os salvos e os ímpios. Ele diz que os salvos são filhos da luz e filhos do dia e não estão mais nas trevas da ignorância e do pecado.

---

14 BARCLAY, William. *Filipenses, Colosenses, I y II Tesalonicenses*, p. 212.

15 WIERSBE, Warren W. *Comentário bíblico expositivo*, Vol. 6, p. 237-241.

William Hendriksen diz que esses irmãos se constituem numa nítida antítese com os homens do mundo. Os últimos estão em trevas, envolvidos por elas, submersos nelas. As trevas penetram seus corações e mentes, todo o seu ser. Essas são as trevas do pecado e da descrença. É em razão dessas trevas que os descrentes não estão sóbrios nem vigilantes.[16]

A segunda vinda de Cristo, entrementes, não apanhará os filhos da luz dormindo desprevenidos e despreparados. Embora os salvos não saibam o dia nem a hora da segunda vinda de Cristo, eles têm azeite em suas lâmpadas e estarão esperando o noivo e sairão ao seu encontro. Os salvos amam a segunda vinda, esperam a segunda vinda, oram pela segunda vinda e apressam a segunda vinda por meio de um serviço consagrado. Para estes, a segunda vinda será dia de luz e não de trevas!

Os crentes foram transformados. Eles não vivem apenas de aparência como as cinco virgens néscias. Eles não deixam para se preparar na última hora. Eles não fizeram apenas mudanças externas. Eles foram transformados radicalmente como a luz se diferencia das trevas e o dia da noite. Quando a rainha Maria de Orange estava morrendo, seu capelão tentou prepará-la com uma leitura. Ela respondeu: "Eu não deixei este assunto para esta hora".[17]

Em segundo lugar, *a vigilância deve ser constante* (1Ts 5.6,7). Paulo exorta sobre o perigo de o crente imitar o ímpio em vez de influenciá-lo; o perigo de a igreja assimilar o mundo em vez de confrontá-lo. Os filhos da luz não podem dormir como aqueles que vivem nas trevas.

---

16 HENDRIKSEN, William. *1 e 2 Tessalonicenses*, p. 182.

17 BARCLAY, William. *Filipenses, Colossenses, I y II Tesalonicenses*, p. 213.

Dormir aqui não tem o sentido natural (descansar) nem o sentido metafórico (morrer), mas o sentido moral (viver como se nunca houvesse de vir o dia do juízo). Pressupõe-se a existência de relaxamento espiritual e moral. Significa estar despreparado da mesma forma que as cinco virgens loucas (Mt 25.3,8).[18]

Howard Marshall nessa mesma linha de pensamento afirma que aqui, a referência diz respeito a um sono moral, o estado em que uma pessoa é espiritualmente inconsciente e insensível à chamada de Deus. O sono e a embriaguez estão associados com a noite e não com o dia; são estados que pertencem à situação da qual os cristãos já foram libertos.[19]

Quando uma pessoa está dormindo, ela não está alerta nem envolvida no que está acontecendo ao seu redor. Assim, quando um crente está dormindo, ele não está vigiando nem está envolvido nas coisas de Deus. Jesus adverte: "Vigiai, pois, porque não sabeis o dia nem a hora" (Mt 25.13).

O apóstolo Paulo fala sobre dois aspectos vitais nessa preparação para a segunda vinda de Cristo.

A necessidade de vigiar (1Ts 5.6). Os filhos da luz devem estar atentos e viver de olhos abertos. Eles devem observar os avisos e atentar para as promessas. Devem viver em obediência sabendo que o dia do juízo se aproxima. William Hendriksen diz que ser vigilante significa viver uma vida santificada, consciente da vinda do dia do juízo. Pressupõe-se precaução espiritual e moral.[20]

A necessidade de ser sóbrio (1Ts 5.6,7). Ser sóbrio significa estar cheio de ardor moral e espiritual; não é viver sobressaltado,

---

18 HENDRIKSEN, William. *1 e 2 Tessalonicensesi*, p. 184.

19 MARSHALL, I. Howard. *I e II Tessalonicenses: Introdução e comentário*, p. 166.

20 HENDRIKSEN, William. *1 e 2 Tessalonicenses*, p. 184.

por um lado, nem indiferente por outro, porém, calma, firme e racionalmente.[21] A sobriedade é exatamente o oposto da embriaguez.

Howard Marshall diz que o bêbado é uma pessoa que perde o controle das suas faculdades e está fora de contato com a realidade.[22] Uma pessoa sóbria, porém, tem autocontrole. Uma pessoa embriagada, por sua vez, não apenas perde o autocontrole, mas também não se apercebe dos perigos à sua volta. Ser sóbrio é viver preparado para a segunda vinda de Cristo a todo instante. Devemos ter azeite em nossas lâmpadas todo dia. Devemos vigiar todo dia. Devemos aguardar a vinda do Senhor todo dia. Devemos orar para que ele venha todo dia. O apóstolo Paulo escreveu:

> E digo isto a vós outros que conheceis o tempo: já é hora de vos despertardes do sono; porque a nossa salvação está, agora, mais perto do que quando no princípio cremos. Vai alta a noite, e vem chegando o dia. Deixemos, pois, as obras das trevas e revistamo-nos das armas da luz. Andemos dignamente, como em pleno dia, não em orgias e bebedices, não em impudicícias e dissoluções, não em contendas e ciúmes; mas revesti-vos do Senhor Jesus Cristo e nada disponhais para a carne no tocante às suas concupiscências (Rm 13.11-14).

A igreja deve aguardar a segunda vinda de Cristo com corajosa militância

Três verdades são destacadas pelo apóstolo Paulo:

Em primeiro lugar, *devemos aguardar a segunda vinda de*

---

21 HENDRIKSEN, William. *1 e 2Tessalonicenses*, p. 185.

22 MARSHALL, I. Howard. *I e II Tessalonicenses: Introdução e comentário*, p. 166.

Cristo não como expectadores passivos, mas como soldados militantes (1Ts 5.8). Muitas pessoas adotam uma posição de escapismo e omissão em relação à segunda vinda de Cristo. Trancam-se em seus guetos, vasculhando profecias e sinais ao mesmo tempo em que se escondem dos confrontos sociais. Vivem tão absortas com as profecias que esquecem da missão. Vivem tão ocupadas em identificar tempos e épocas reservados apenas ao Senhor que esquecem da obedecer à grande comissão dada pelo Senhor.

Warren Wiersbe corretamente afirma que viver na expectativa da segunda vinda de Cristo não é vestir um lençol branco e assentar-se no alto de um monte. É justamente esse tipo de atitude que Deus condena (At 1.10,11). Antes, é viver à luz de sua volta, conscientes de que nossas obras serão julgadas e de que não teremos novas oportunidades de servir. É viver de acordo com os valores da eternidade.[23]

Há aqueles que chegam a pensar e a pregar que quanto pior melhor, pois assim, Cristo está mais perto de voltar para buscar sua igreja. Aqueles que subscrevem essa visão míope fogem do mundo, em vez de serem elementos de transformação no mundo. A posição cristã é de enfrentamento e não de fuga. Aguardamos a segunda vinda de Cristo não fugindo dos embates do mundo com vestes ascensionais, mas entrando no campo de combate como soldados de Cristo. Devemos lutar para acordar os que estão dormindo (Ef 5.14). Devemos vigiar para que o inimigo não nos enrede com suas astúcias. Devemos nos preparar para aguardar o nosso grande Deus e Salvador, Jesus Cristo (1Jo 3.3).

---

23 WIERSBE, Warren W. *Comentário bíblico expositivo*, Vol. 6, p. 238.

Em segundo lugar, *devemos aguardar a segunda vinda de Cristo protegendo nossos corações e mentes em Cristo* (1Ts 5.8). A couraça protege o coração e o capacete protege a cabeça. Mente e coração devem ser protegidos na medida em que entramos nessa renhida peleja. O que pensamos e o que sentimos deve estar debaixo da proteção divina enquanto aguardamos a segunda vinda de Cristo. Razão e emoção precisam estar protegidas.

A fé e o amor são como uma couraça que cobre o coração: a fé em Deus e o amor pelo povo de Deus. A esperança é um capacete resistente que protege os pensamentos. Russel Norman Champlin diz que a armadura aqui aludida é a proteção espiritual para a cabeça e o coração. Com a cabeça e o coração corretos, o homem inteiro andará direito.[24] Os incrédulos enchem sua mente das coisas deste mundo, enquanto os cristãos consagrados voltam sua atenção para as coisas do alto (Cl 3.1-3).[25]

Em terceiro lugar, *devemos aguardar a segunda vinda de Cristo revestindo-nos das três virtudes cardeais* (1Ts 5.8). A fé e o amor nos protegem o coração e a esperança da salvação protege nossa mente. Uma fé viva em Cristo e um amor profundo por Deus e pelo próximo nos livram dos dardos inflamados do maligno. Uma esperança firme na gloriosa salvação e recompensa que se consumarão na segunda vinda de Cristo protege nossa mente de qualquer dúvida ou sedução deste mundo.

A fé e o amor são as qualidades essenciais que o cristão deve demonstrar com relação a Deus e aos homens, e

---

24 CHAMPLIN, Russell Norman. *O Novo Testamento interpretado versículo por versículo,*. p. 213.

25 WIERSBE, Warren W. *Comentário bíblico expositivo,* Vol. 6, p. 239.

a esperança da salvação final é a garantia que o capacita a perseverar a despeito de todas as dificuldades, diz Howard Marshall.[26]

A igreja deve aguardar a segunda vinda de Cristo com sólida confiança

O apóstolo Paulo tem a garantia do futuro porque finca os pés no solo firme do passado. Ele tem certeza da glória, porque está estribado na redenção realizada na cruz. Três verdades benditas são destacadas por Paulo com respeito à nossa salvação:

Em primeiro lugar, *a eleição divina* (1Ts 5.9). A nossa salvação não nos foi dada como resultado dos nossos méritos ou obras, mas como destinação do próprio Deus. A salvação tem dois aspectos: um negativo e outro positivo. Negativamente, a salvação é o livramento da ira. Deus não nos destinou para a ira (1.10; 5.9). Positivamente, a salvação é a apropriação dos resultados da obra de Cristo na cruz (5.9,10). Deus nos destinou para a salvação. "Porquanto Deus enviou o seu Filho ao mundo, não para que julgasse o mundo, mas para que o mundo fosse salvo por ele" (Jo 3.17).

Em segundo lugar, *a redenção na cruz* (1Ts 5.9,10). A razão de os crentes poderem aguardar a salvação e não a ira acha-se na pessoa de Jesus que morreu por eles. Se Jesus não tivesse morrido, teriam sido destinados para a ira. A morte de Cristo teve o efeito de um sacrifício expiatório do pecado e que, ao

---

26 MARSHALL, I. Howard. *I e II Tessalonicenses: Introdução e comentário*, p. 168.

morrer, ele ficou solidário conosco em nossa pecaminosidade a fim de que sejamos solidários com ele na sua justiça.[27]

Alcançamos a salvação mediante nosso Senhor Jesus Cristo. Não pelos seus ensinos ou milagres, mas por sua morte. A eleição divina não anula a cruz de Cristo, mas está centrada nela. Somos salvos pela morte de Cristo. Foi seu sacrifício vicário e substitutivo que nos livrou da ira e nos deu vida eterna. Não podemos separar a teologia da cruz da teologia da glória. Jesus morreu a nossa morte para vivermos a sua vida.

A razão de os crentes poderem aguardar a glória e não a ira é porque o Pai os destinou para a salvação (2Tm 1.9; 2Ts 2.13; Ef 1.4) e porque Cristo morreu por eles. Aqueles a quem Deus predestina, a eles também Deus chama, justifica e glorifica (Rm 8.30).

Em terceiro lugar, *a comunhão eterna* (1Ts 5.10). Paulo diz que tanto os vivos (os que vigiam), quanto os que morrem (dormem) estarão em união com Cristo. Estamos unidos com Cristo agora e estaremos unidos com ele no céu. Estamos em Cristo, enxertados nele. Já morremos com ele. Já ressuscitamos com ele. Já estamos assentados nas regiões celestiais com ele. Estaremos com ele para sempre. Reinaremos com ele por toda a eternidade. Nada nem ninguém neste mundo nem no porvir poderá nos separar dele.

A confiança na herança dessas bênçãos encoraja os crentes ao consolo recíproco e à edificação mútua (5.11). O crente não apenas edifica-se a si mesmo, ele é edificado por outros. O crescimento espiritual da igreja depende da contribuição de cada um dos membros. Grande parte do nosso trabalho

---

27 MARSHALL, I. Howard. *I e II Tessalonicenses: Introdução e comentário*, p. 169,170.

até a gloriosa volta do Senhor é confortar e encorajar uns aos outros. Precisamos encorajar uns aos outros com respeito à nossa gloriosa esperança. Nossa pátria não está aqui. Nosso destino é a glória.

Capítulo 6

A CELEBRAÇÃO VITORIOSA DAS BODAS DO CORDEIRO DE DEUS EM SUA GLORIOSA VINDA

Estamos chegando ao momento culminante da história da humanidade. Nos capítulos 1-11 de Apocalipse vemos a perseguição do mundo sobre a igreja e como Deus enviou seus juízos sobre ele. Nos capítulos 12-22, observamos como essa batalha se torna mais renhida e agora o dragão, o anticristo, o falso profeta e a grande meretriz se ajuntam para perseguir o Cordeiro e a sua igreja.

Nos capítulos 17 e 18 vemos como o sistema do mundo, representado pela religião falsa e os sistemas político e econômico entram em colapso. Agora João tem a visão da alegria do céu pela queda da Babilônia, a alegria do céu pelas bodas do Cordeiro e a visão da gloriosa vinda de Cristo e sua vitória retumbante sobre seus inimigos. O tema deste capítulo está baseado em Apocalipse 19.1-21.

Os céus celebram o triunfo final de Deus sobre a grande meretriz

Destacaremos aqui quatro pontos:

Em primeiro lugar, *a meretriz que corrompia a terra e matava os servos de Deus está sendo julgada* (Ap 19.2). Deus não pode premiar o mal. Ele é justo. Quando a Babilônia caiu, a ordem foi dada no céu: "Exultai sobre ela, ó céus, e vós, santos, apóstolos e profetas, porque contra ela julgou a vossa causa" (Ap 18.20). Jesus está julgando a meretriz, a falsa igreja, e casando-se com sua noiva, a verdadeira igreja. Ao mesmo tempo em que a religião prostituída diz: Ai, Ai, a noiva do Cordeiro, a igreja, diz: Aleluia!

Em segundo lugar, *o poder do mundo que é transitório está caindo* (Ap 19.1). A grande meretriz, o sistema religioso, político e econômico que dominou o mundo e ostentou sua riqueza, poder e luxúria, entra em colapso. O mundo passa. Na segunda vinda de Cristo esse sistema estará completamente destruído.

Os céus se regozijam porque Deus está julgando os seus inimigos. Deus está no trono. Dele é a salvação, a glória e o poder. O poder da falsa religião caiu. As máscaras da falsa religião caíram. O falso sistema religioso é condenado por dois motivos: 1) Corrompeu a terra com a sua prostituição (Ap 19.2) — levou as nações a se curvarem diante de ídolos. Desviou as pessoas do Deus verdadeiro. Ensinou falsas doutrinas. Esforçou-se para produzir apóstatas em vez de discípulos de Cristo; 2) Matou os servos de Deus (Ap 19.2) — a falsa religião sempre se opôs à verdade e perseguiu os arautos da verdade. Ela matou os santos, os profetas, os apóstolos e tantos mártires ao longo da História.

Em terceiro lugar, *a condenação desse sistema do mundo é eterna* (Ap 19.3). Não apenas o mal será vencido, mas os malfeitores serão atormentados eternamente. A Bíblia fala sobre penalidades eternas. Não existe nada de aniquilação, mas de tormento sem fim.

Em quarto lugar, *a igreja e os anjos adoram a Deus porque ele está reinando* (Ap 19.4-6). Deus sempre esteve no trono. O inimigo sempre esteve no cabresto de Deus. Mas agora chegou a hora de colocar todos os inimigos debaixo dos seus pés. Agora chegou o dia do julgamento do Deus Todo-poderoso. Todos os inimigos serão lançados no lago do fogo. O livro de Apocalipse é o livro dos Tronos. Deus agora conquista os tronos da terra. O trono do diabo, do anticristo, do falso profeta, da Babilônia, dos poderosos do mundo. Todos estarão debaixo dos pés de Jesus. Os impérios poderosos cairão. As superpotências econômicas cairão. Os déspotas cairão. Todo joelho vai se dobrar diante do Senhor. Aleluia porque só o Senhor reina! O coro celestial é unânime: "Aleluia! Pois reina o Senhor, nosso Deus, o Todo-poderoso" (Ap 19.6).

Os céus celebram o casamento da noiva com o seu Noivo, o Cordeiro de Deus

Destacamos quatro verdades gloriosas sobre o casamento de Cristo com sua igreja:

Em primeiro lugar, *enquanto a meretriz é julgada, a noiva é honrada* (Ap 19.7,8). Enquanto a meretriz, a falsa igreja é julgada; a verdadeira igreja, a noiva do Cordeiro é honrada. Enquanto a meretriz tem suas vestes manchadas de prostituição e violência, as vestes da noiva do Cordeiro são o mais limpo, o mais puro e o mais fino dos linhos.

A noiva se atavia, mas as vestes lhe são dadas. A igreja se santifica, mas essa santificação vem do Senhor. A igreja desenvolve a sua salvação, mas é Deus quem opera em nós tanto o querer como o realizar.

Em segundo lugar, *os bem-aventurados convidados para as bodas e a noiva são as mesmas pessoas* (Ap 19.9). Essa é uma subreposição de imagens. A noiva é a igreja e os convidados para as bodas são todos aqueles que fazem parte da igreja. Os convidados e a noiva são uma e a mesma coisa. A igreja é o povo mais feliz do universo. A eternidade será uma festa que nunca acabará.

Em terceiro lugar, *o noivo é descrito como Cordeiro* (Ap 19.9). Ele quer ser lembrado pelo seu sacrifício pelo pecado. Como noivo da igreja ele quer ser amado e lembrado como aquele que deu sua vida pela sua amada.

Em quarto lugar, *as bodas falam da consumação gloriosa do relacionamento com sua igreja* (Ap 19.7). O casamento de Cristo com sua igreja será um casamento perfeito, sem crise, sem divórcio. O casamento mais decantado no século 20 foi o do príncipe Charles e a princesa Diana, na Inglaterra. Esse casamento acabou em tragédia. Porém, o casamento de Cristo com sua igreja jamais enfrentará crise, jamais passará por divórcio.

Para entendermos essa figura de linguagem que descreve o casamento de Cristo com a igreja, precisamos compreender que o pano de fundo para essa metáfora é o casamento dentro da cultura judaica. Como se processava o casamento na cultura dos hebreus? Havia quatro estágios importantes:

Primeiro, o noivado. Era algo mais profundo do que um compromisso significa para nós. A obrigação do matrimônio

A celebração vitoriosa das bodas do Cordeiro de Deus em sua gloriosa vinda

era aceita na presença de testemunhas e a bênção de Deus era pronunciada sobre a união. Desde esse dia o noivo e a noiva estavam legalmente casados (2Co 11.2).

Segundo, o intervalo. Durante o intervalo o esposo paga ao pai da noiva um dote.

Terceiro, a procissão para a casa da noiva. Ao final do intervalo o noivo sai em procissão para a casa da noiva. A noiva se prepara e se atavia. O noivo em seu melhor traje é acompanhado de seus amigos que cantam e levam tochas e seguem em direção à casa da noiva. O noivo recebe a noiva e a leva em procissão ao seu próprio lar.

Quarto, as bodas. As bodas incluem a festa das bodas que durava sete ou quatorze dias. Agora a igreja está desposada com Cristo. Ele já pagou o dote por ela. Ele comprou a sua esposa com seu sangue. O intervalo é o período que a noiva tem para se preparar. Ao final desse tempo, o noivo vem acompanhado dos anjos para receber a sua noiva, a igreja. Agora começam as bodas. O texto registra esse glorioso encontro: "Alegremo-nos, exultemos e demos-lhe a glória, porque são chegadas as bodas do Cordeiro, cuja esposa a si mesma já se ataviou" (Ap 19.7). As bodas continuam não por uma semana, mas por toda a eternidade. Oh, dia glorioso será aquele!

Os céus se abrem para a vinda triunfal do Noivo, o Rei dos reis

Destacaremos cinco verdades para a nossa reflexão:

Em primeiro lugar, *a aparição do Noivo, o Rei dos reis* (Ap 19.11). João vê Jesus vindo vitoriosamente do céu. O céu se abre. Dessa vez o céu está aberto não para João entrar

(Ap 4.1), mas para Jesus e seus exércitos saírem (Ap 19.11). A última cena da História está para acontecer. Jesus virá para a última batalha. É o tempo da grande tribulação. Satanás estará dando suas últimas cartadas. O anticristo e o falso profeta estarão seduzindo o mundo e perseguindo a igreja. Mas Jesus aparece como o supremo conquistador. Ele aparece repentinamente em majestade e glória!

Em segundo lugar, *a descrição do Noivo, o Rei dos reis* (Ap 19.11-13,15,16). O Noivo é Fiel e Verdadeiro (Ap 19.11). Essa verdade está em contraste com o anticristo que é falso e enganador.

O Noivo também é aquele que a tudo perscruta (Ap 19.12). Seus olhos são como chamas de fogo. Nada ficará oculto do seu profundo julgamento. Ele vai julgar suas palavras, obras e os segredos do seu coração. Aqueles que escaparam do juízo dos homens não escaparão do juízo de Deus.

O Noivo é o vencedor supremo (Ap 19.12b). "Na sua cabeça há muitos diademas." Ele tem na sua cabeça a coroa do vencedor e do conquistador. Quando ele entrou em Jerusalém, ele montou em um jumentinho, como um servo. Mas agora ele cavalga um cavalo branco. Ele tem na sua cabeça muitas coroas, símbolo da sua suprema vitória.

O Noivo é insondável em seu ser (Ap 19.12c). Isso revela que nós jamais vamos esgotar completamente o seu conhecimento.

O Noivo é a Palavra de Deus em ação (Ap 19.13). Deus criou o universo por intermédio da sua Palavra. Agora Deus vai julgar o mundo pela sua Palavra. Jesus é o grande juiz de toda a terra.

A celebração vitoriosa das bodas do Cordeiro de Deus em sua gloriosa vinda

O Noivo é o amado da igreja e o vingador de seus inimigos (Ap 19.13,15). Seu manto está manchado de sangue, não o sangue da cruz, mas o sangue dos seus inimigos (Is 63.2,3). Ele vem para o julgamento. Ele vem para colocar os seus inimigos debaixo dos seus pés. Ele vem para recolher os eleitos na ceifa e pisar os ímpios como numa lagaragem (Ap 14.17-20). Ele vem para julgar as nações (Mt 25.31-46).

O Noivo é o REI DOS REIS E O SENHOR DOS SENHORES (Ap 19.16). Deus o exaltou sobremaneira. Deu-lhe o nome que está acima de todo nome. Diante dele todo joelho deve se dobrar: o diabo, o anticristo, o falso profeta, os reis da terra, os ímpios.

Em terceiro lugar, *os exércitos ou acompanhantes do Noivo, o Rei dos reis* (Ap 19.14). O Rei virá em glória. Ao clangor da trombeta de Deus. Ao som do trombeta do arcanjo. Cristo descerá do céu. Todo o olho o verá. Ele virá pessoalmente, fisicamente, visivelmente, audivelmente, poderosamente, triunfantemente. O rei virá com o seu séquito: os anjos e os remidos (Mt 24.31; Mc 13.27; Lc 9.26; 1Ts 4.13-18; 2Ts 1.7-10). Um exército de anjos descerá com Cristo. Os salvos que estiverem na glória virão com ele entre nuvens. Todos como vencedores, montados em cavalos brancos. Todos com vestiduras brancas. Outrora, a nossa justiça era como trapos de imundícia, mas agora, vamos vestir vestiduras brancas. Somos justos e vencedores.

Em quarto lugar, *a derrota dos inimigos pelo Rei dos reis é descrita em toda a sua hediondez* (Ap 19.17,18). Enquanto os remidos são convidados para entrar no banquete das bodas do Cordeiro, as aves são convidadas a se banquetearem com as carnes dos reis, poderosos, comandantes, cavalos e cavaleiros. Há um contraste entre esses dois banquetes: O primeiro é o banquete da ceia nupcial do Cordeiro, que todos os santos são convidados (Ap 19.7-9). O segundo, o banquete dos vencidos, que todas as aves de rapina são convocadas. Isso indica que todo o poder terreno chegou ao fim. A vitória de Cristo é completa!

Em quinto lugar, *o Rei dos reis triunfa sobre seus inimigos na batalha final, o Armagedom* (Ap 19.19-21). Essa será a peleja do Grande Dia do Deus Todo-poderoso (Ap 16.14). Os exércitos que acompanham a Cristo não lutam. Porém, Jesus Cristo destruirá o anticristo com o sopro da sua boca pela manifestação da sua vinda (2Ts 2.8). Todas as nações da terra o verão e o lamentarão (Ap 1.7). Quando os inimigos do Cordeiro se reunirem, então, sua derrota será total e final (Ap 19.19-21). Essa batalha Jesus vence não com armas, mas com a sua Palavra, a espada afiada que sai da sua boca (Ap 19.15).

Aquele dia será dia de trevas e não de luz para os inimigos de Deus. Ninguém poderá escapar. Aquele será o grande dia da ira do Cordeiro e do juízo de Deus. O anticristo e o falso profeta serão lançados no lago do fogo, onde a meretriz também estará queimando (Ap 19.3,20). Eles jamais sairão desse lago. Serão atormentados pelos séculos dos séculos (Ap 20.10). Enquanto os inimigos de Deus estarão sendo atormentados por toda a eternidade, a igreja desfrutará da intimidade de Cristo nas bodas do Cordeiro para todo o sempre.

Em breve Cristo voltará como o Rei dos reis e Senhor dos senhores. Prezado leitor, é Cristo o Senhor da sua vida hoje? Você está preparado para se encontrar com Cristo? Vigie para que aquele grande dia não o apanhe de surpresa.

Capítulo 7

A BEM-AVENTURANÇA ETERNA

A História já fechou as suas cortinas. O juízo final já aconteceu. Os inimigos do Cordeiro e da igreja já foram lançados no lago do fogo. Os remidos já estão na festa das Bodas do Cordeiro.

Apocalipse 21.1-8 é a apoteose da revelação. O paraíso perdido é agora o paraíso reconquistado. O homem caído é agora o homem glorificado. O projeto de Deus triunfou. O tempo cósmico se converteu em eternidade

Winston Churchill disse que a decadência moral da Inglaterra era devido ao fato de que os pregadores tinham deixado de pregar sobre o céu e o inferno.

A pregação sobre o céu traz profundas lições morais para a igreja hoje: 1) Jesus alerta para ajuntarmos tesouro no céu; 2) Paulo diz que devemos pensar no céu; 3) Jesus ensinou que devemos orar: "Seja feita tua vontade na terra como no céu"; 4) o céu nos estimula à santidade (2Pe 3.14); 5) o céu nos ajuda a enfrentar o sofrimento (Rm 8.18); 6) o céu nos ensina a renunciar (Abraão e Moisés); 7) o céu nos livra do medo da morte (Fp 1.21).

Vejamos as principais lições deste glorioso texto:

O que são o novo céu e a nova terra?

Destacaremos aqui quatro verdades preciosas:

Em primeiro lugar, *a redenção alcançou não só a igreja, mas todo o universo* (Ap 21.1). A natureza está escravizada pelo pecado (Rm 8.20,21). Ela está gemendo aguardando a redenção do seu cativeiro. Quando Cristo voltar, a natureza será também redimida e teremos um universo completamente restaurado.

Em segundo lugar, *Deus não vai criar novo céu e nova terra, mas vai fazer do velho um novo* (Ap 21.1). O novo céu e a nova terra não são um novo que não existia, mas um novo a partir do que existia (Is 65.17 e 66.22). Assim como nosso corpo glorificado é a partir do nosso corpo, assim será o universo. O céu e a terra serão purificados pelo fogo (2Pe 3.13). Não é aniquilamento, mas renovação. Não é novo de edição. Há continuidade entre o antigo e o novo.

Em terceiro lugar, *não vai mais existir separação entre o céu e a terra* (Ap 21.1,3). O céu e a terra serão a habitação de Deus e de sua igreja glorificada. Então, se cumprirão as profecias de que a terra se encherá do conhecimento do Senhor, como as águas cobrem o mar. Esse tempo não vai durar apenas mil anos, mas toda a eternidade. De acordo com o versículo 3, a

A bem-aventurança eterna

totalidade da igreja glorificada descerá do céu à terra. Ela vem como a noiva do Cordeiro para as bodas (Ap 19.7). Assim, aprendemos que a igreja glorificada não permanecerá apenas no céu, mas passará a eternidade também na nova terra. Do versículo 3 aprendemos que a morada de Deus já não está longe da terra, mas na terra. Onde Deus está ali é céu. Igualmente, a igreja glorificada estará vivendo no novo céu e na nova terra.

Em quarto lugar, *não haverá mais nenhuma contaminação* (Ap 21.1). "[...] e o mar já não existe". Isto é um símbolo. Aqui o mar é o que separa. João foi banido para a ilha de Patmos. O mar aqui é símbolo daquilo que contamina (Is 57.20). Do mar emergiu a besta que perseguiu a igreja. No novo céu e na nova terra não existirão mais rebelião, contaminação, pecado.

Quem não vai estar no novo céu e na nova terra?

Destacaremos aqui quatro verdades:

Em primeiro lugar, *vão ficar de fora os que são indiferentes ao evangelho* (Ap 21.8a). Fora da cidade santa ficarão os covardes e os incrédulos. Os covardes falam dos indecisos, daqueles que temem o perigo e fogem das consequências de confessar o nome de Cristo. Os covardes embora convencidos da verdade preferem não se comprometer. Eles têm medo de perder os prazeres deste mundo. Têm medo de serem perseguidos. Não têm coragem de assumir que são de Jesus. Os incrédulos são aqueles que buscam outro caminho para a salvação e rejeitam a oferta gratuita do evangelho.

Em segundo lugar, *vão ficar de fora os que são moralmente corrompidos* (Ap 21.8b). Estarão fora do céu os abomináveis, os assassinos e os impuros. Os abomináveis são aqueles que perderam a vergonha, o pudor e se entregam abertamente ao pecado e aos vícios do mundo. Atentam contra a moral. Os assassinos são aqueles que atentam contra a vida alheia, que praticam abortos criminosos, que matam com armas e com a língua. Os impuros são aqueles que se entregam a toda sorte de luxúria, lascívia e perversão moral. São viciados em pornografia, aberrações sexuais, homossexualismo.

Em terceiro lugar, *vão ficar de fora os que são religiosamente corrompidos* (Ap 21.8c). Tanto os feiticeiros como os idólatras não terão entrada no céu. Os feiticeiros são aqueles que vivem na prática da feitiçaria, ocultismo e espiritualismo. São aqueles que invocam os mortos, os demônios e desprezam o Senhor. São aqueles que creem que são dirigidos pelos astros. São aqueles que são viciados em drogas (*farmakeia*). Os idólatras são aqueles que adoram, veneram e se prostram diante de ídolos e são devotos de santos.

Em quarto lugar, *vão ficar de fora os que não são íntegros na Palavra* (Ap 21.8d). Os mentirosos são aqueles que falam e não cumprem. Falam uma coisa e fazem outra. São aqueles em quem não se pode confiar. A mentira procede do maligno. São aqueles que encobrem seus erros. Deus coloca fora dos portões da nova Jerusalém aqueles que amaram mais o pecado do que a Deus.

A bem-aventurança eterna

O que não vai entrar no novo céu e na nova terra?

Depois de falar quem não vai entrar no novo céu e na nova terra, João passa a falar sobre o que não vai entrar:

Em primeiro lugar, *no novo céu e na nova terra não haverá dor* (Ap 21.4). A dor é consequência do pecado. A dor física, moral, emocional, espiritual não vão entrar no céu. Não haverá mais sofrimento. Não haverá mais enfermidade, defeito físico, cansaço, fadiga, depressão, traição, decepção. O céu é céu por aquilo que não vai ter lá. As primeiras coisas já passaram. O que fez parte deste mundo de pecado não vai ter acesso lá. Aquilo que nos feriu, nos machucou, não vai chegar lá.

Em segundo lugar, *no novo céu e na nova terra não haverá mais lágrimas* (Ap 21.4). Não haverá choro nas ruas da nova Jerusalém. Este mundo é um vale de lágrimas. Muitas vezes alagamos o nosso leito com nossas lágrimas. Choramos por nós, pelos nossos filhos, pela nossa família, pela nossa igreja, pela nossa nação. Entramos no mundo chorando e sairemos dele com lágrimas, mas no céu não haverá lágrimas. Deus é quem vai enxugar nossas lágrimas. Não é autopurificação. Deus é quem toma a iniciativa.

Em terceiro lugar, *no novo céu e na nova terra não haverá luto nem morte* (Ap 21.4). A morte vai desaparecer e nunca mais voltará. Ela será lançada no lago do fogo. Ela não poderá mais nos atingir. Seremos revestidos da imortalidade. No céu não há vestes mortuárias, velórios, enterro, cemitério. No céu não há despedida. No céu não há separação, acidente, morte, hospitais. Na Babilônia se calam as vozes da vida

(Ap 18.22,23), mas na Nova Jerusalém se calam as vozes da morte (Ap 21.4)!

Quem vai estar no novo céu e na nova terra?

Depois de falar quem não vai entrar na bem-aventurança eterna e o que não estará lá, João passa a falar sobre quem vai estar.

Em primeiro lugar, *a cidade santa, a nova Jerusalém, a noiva adornada para o seu esposo* (Ap 21.2). A igreja glorificada, composta de todos os remidos, de todos os lugares, de todos os tempos, comprada pelo sangue do Cordeiro, amada pelo Pai, selada pelo Espírito Santo é a cidade santa, a nova Jerusalém em contraste com a grande Babilônia, a cidade do pecado. Ela é a noiva adornada para o seu esposo em contraste com a grande meretriz. O Senhor só tem um povo, uma igreja, uma família, uma noiva, uma cidade santa.

Em segundo lugar, *essa cidade desce do céu, é do céu, vem de Deus* (Ap 21.2). Não se constrói de baixo para cima. Toda construção que partia da terra para cima levou à Babilônia, nunca à cidade de Deus. A Babilônia chegou ao céu por seus esforços e foi dispersa. Mas a cidade santa vem do céu, tem sua origem no céu, foi escolhida, chamada, amada, separada, santificada e adornada por Deus para o Seu Filho. Deus é o seu arquiteto e construtor (Hb 11.10).

Em terceiro lugar, *essa noiva foi adornada para o seu esposo* (Ap 21.2). O próprio noivo a purificou, a lavou, a adornou para que a noiva fosse apresentada a ele pura, santa, imaculada, sem ruga e sem defeito. A noiva foi amada, comprada, amparada, consolada, restaurada, glorificada.

Por que a noiva vai morar no novo céu e na nova terra?

João destaca três verdades:

Em primeiro lugar, *a igreja, a noiva vai estar no novo céu e na nova terra porque Deus completou toda a obra da redenção* (Ap 21.6). "Tudo está feito.". Esta é a terceira vez que Cristo usa essa expressão: 1) Jo 19.30 – o preço da redenção foi pago; 2) Ap 16.17 – o flagelo final na segunda vinda de Cristo; 3) Ap 21.6 – quando Cristo houver de entregar a Deus Pai o Reino. Tudo está feito. Tudo provém de Deus. Não há aqui sinergismo. Não cooperamos com Deus para a nossa salvação. Ele fez tudo. Ele planejou. Ele executou. Ele aplicou a salvação. Deus é o começo e ele é o fim. De eternidade a eternidade ele está comprometido com a nossa salvação.

Em segundo lugar, *a igreja, a noiva, vai estar no novo céu e na nova terra por causa da graça de Deus* (Ap 21.6b). Os sedentos bebem de graça da água da vida. Todos os que têm sede podem saciar-se. Todos os que buscam encontram. Todos veem a Cristo, ele os acolhe – não por seus méritos, não por suas obras, mas pela graça. É de graça!

Em terceiro lugar, *a igreja, a noiva, vai estar no novo céu e na nova terra, porque permaneceu fiel* (Ap 21.7). Todo crente deve lutar diariamente contra o pecado, o diabo e o mundo. O vencedor é o que crê, o que persevera, o que coloca a mão no arado e não olha para trás.

Por que o novo céu e a nova terra serão lugares de bem-aventurança eterna?

O apóstolo João conclui sua exposição sobre esse glorioso tema, falando de quatro verdades:

Em primeiro lugar, *porque a vida no novo céu e na nova terra será como uma festa de casamento que nunca termina* (Ap 21.2). As bodas passavam por quatro fases: 1) compromisso; 2) preparação; 3) a vinda do noivo; 4) a festa. O céu é uma festa. Alegria, celebração, devoção. Exaltaremos para sempre o noivo. Nos deleitaremos em seu amor. Ele se alegrará em nós como o noivo se alegra da sua noiva. Essa festa nunca vai acabar!

Em segundo lugar, *porque o novo céu e a nova terra serão profundamente envolvidos pela presença de Deus* (Ap 21.3). O céu é céu porque Deus está presente. Depois que o véu do templo rasgou-se Deus não habita mais no templo, mas na igreja. O Espírito Santo enche não o templo, mas os crentes. Agora somos o santuário em que Deus habita. Agora somos um reino de sacerdotes. Veremos Cristo face a face. Nós o veremos como ele é. Ele vai morar conosco. Não vai haver mais separação entre nós e Deus. A glória do Senhor vai brilhar sobre nós. O Cordeiro será a lâmpada da cidade santa.

Em terceiro lugar, *porque no novo céu e nova terra teremos profunda comunhão com Deus* (Ap 21.3b). Deus habitará com eles. Eles serão povos de Deus. Aqui caem as diferenças não só do Israel étnico, como das denominações religiosas. Lá não seremos um povo separado, segregado, departamentalizado. Lá não seremos presbiterianos, metodistas, batistas, neopentecostais, ou assembleianos. Seremos a igreja, a noiva, a cidade santa, a família de Deus, povos de Deus.

Em quarto lugar, *porque no novo céu e na nova terra desfrutaremos plenamente da nossa filiação* (Ap 21.7). A igreja é a noiva do Cordeiro e a filha do Pai. Tomaremos posse da nossa herança incorruptível. Desfrutaremos das riquezas insondáveis

A bem-aventurança eterna

de Cristo. Seremos coerdeiros com ele. Seremos filhos glorificados do Deus Todo-poderoso e reinaremos com o Rei dos reis!

Sua opinião é importante para nós.
Por gentileza, envie-nos seus
comentários pelo *e-mail*
editorial@hagnos.com.br

Visite nosso *site*:
www.hagnos.com.br

Esta obra foi impressa na
Imprensa da Fé.
São Paulo, Brasil.
Outono de 2021.